中東と周辺諸地域（黒枠内が「中東」）

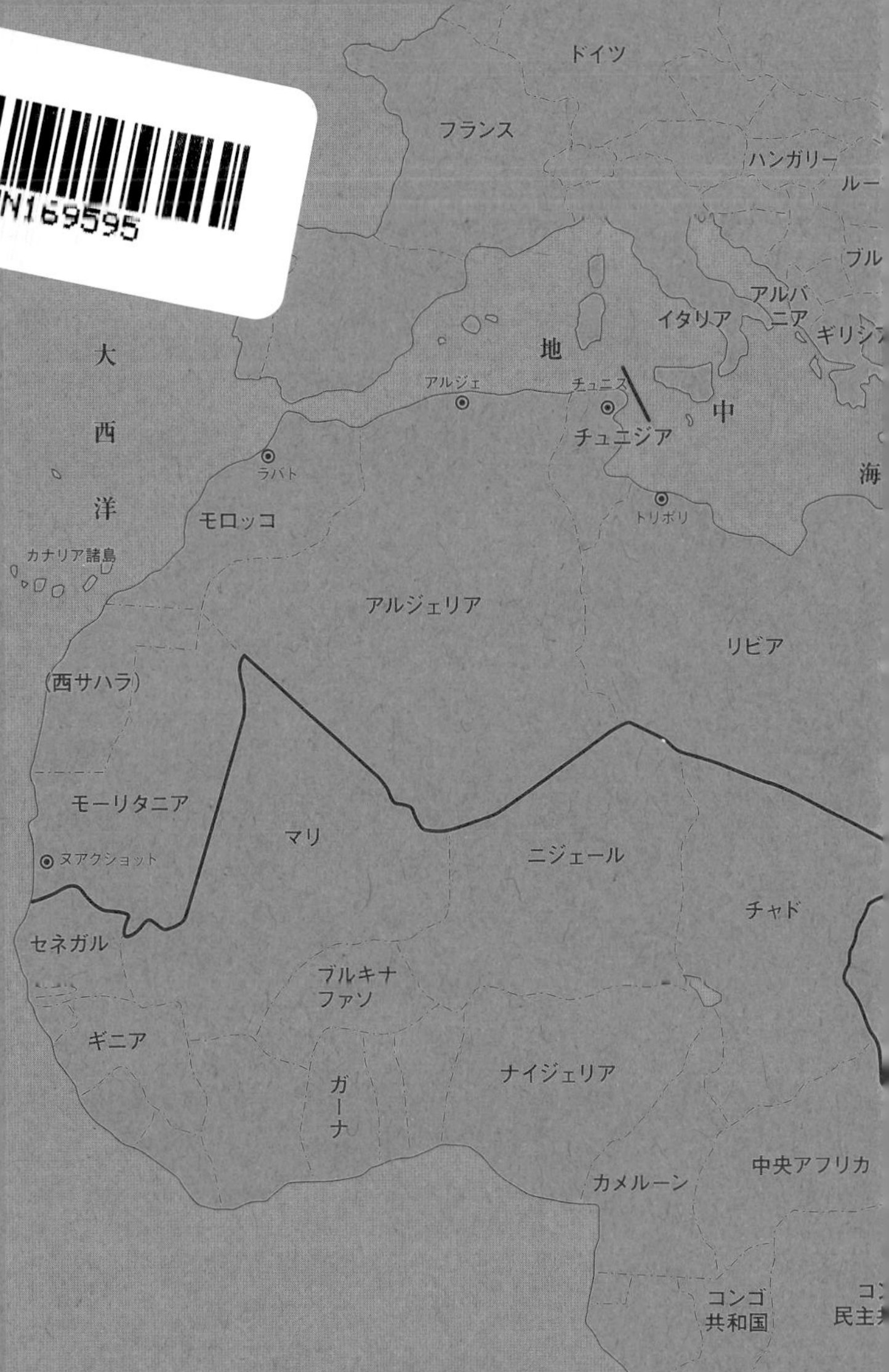

中東と日本の針路

「安保法制」がもたらすもの

長沢栄治❖栗田禎子〔編〕

大月書店

The Future of Japan-Middle East Relations:
Japan's New "Security Legislation" and its Disquieting Ramifications

edited by
Eiji Nagasawa and Yoshiko Kurita

Otsuki Shoten Publishers, Tokyo
2016

はしがき

本書の背景

いつの日か世界全体が平和になることがあっても、中東という地域だけは戦火が止むことがないのではないか。そんな絶望的な思いさえ抱かせる状況が、ここ数年来、続いている。そして中東で起きる悲劇は、この地域だけにとどまるものではない。戦争や混乱を逃れた大量の難民の流入、あるいは連続して起きるテロ事件は、ヨーロッパを中心にした他の地域にも大きな影響を与えている。注意したいのは、これらの悲劇や事件が、グローバル化が進む現代世界において、日本にとっても決して他人事ではないということである。中東について石油のことだけを考えていればよい時代は、すでに終わっているからだ。

この数年だけでも、日本人が中東の戦火やテロで命を落とす事件が続いて起きた。二〇一二年八月のシリアでの日本人女性ジャーナリストの死、二〇一三年一月のアルジェリアの天然ガスプラント襲撃事件などである。なかでも、昨年二〇一五年一月に起きたいわゆる「ＩＳ」(=「イスラーム国」)による日本人人質事件は、かつてない衝撃を日本社会に与えた。そして、この中東発の恐怖の衝撃波による動揺がまだ収まらないなか、安倍政権は五月一五日に国会に「安全保障関連法案」(以下、「安保法案」。成立後は「安保法制」)を提出した。戦後日本の対外政策上の大転換と言えるこの法案に対しては、憲法の平和主義との整合性を疑問視する声が強く、憲法学者の多くが懸念を表明し、学生・青年・女性も立ち上がって、国民的規模の反対運動が起きた。しかし、法案は九月一九日に参議院で強行採決された。

このような状況下で私たち中東研究者有志は、『「安保法案」に反対する中東研究者のアピール』を発表した(アピール本文は巻末の「資料」に収録)。アピールに名を連ねた研究者は八月一〇日の記者会見の段階で呼びかけ人・賛同者合わせて計一〇五名、採決直前の九月一五日には計一二四名にのぼった。本書は直接的にはこのアピールを出発点として、「安保法制」の性格を中東研究の立場から分析し、中東の現状に照らして同法が中東と日本に与えるであろう影響を批判的に検証するとともに、今後の日本＝中東のあり方を展望しようとするものである(ただし時間等の制約上、アピール賛同者のすべてに本書への寄稿をお願いできたわけではない。逆に、アピールの準備・発表はきわめて短期間に行なわれたので、賛同署名者以外にも「安保法制」への懸念を共有している研究者は多いと思われる)。

日本＝中東関係という観点から見た場合、具体的には「安保法制」のどこが問題なのか?――これについては巻末の「アピール」文、あるいは本書の内容をすぐにでも読み始めていただきたいが、象徴的なのは、「安保法案」最大の眼目とも言える「集団的自衛権」をめぐる審議の過程で、「集団的自衛権」発動の前提となる「存立危機事態」──わが国の「存立」が脅かされ、国民の「生命、自由及び幸福追求の権利が根底から覆される」明白な危険がある場合──として「ホルムズ海峡が封鎖されて日本への石油供給が脅かされた場合」が繰り返しあげられたことである。(ホルムズ海峡封鎖という想定自体がこんにち現実性をもつのかという点はひとまずおくとしても)資源確保、国民の「幸福」や「くらし」のためならば海外での武力行使も辞さない、というのは、ある意味できわめてエゴイスティックで、「帝国主義」的な論理である。過去二世紀近く欧米による侵略や植民地支配に苦しめられてきた中東の人びとの耳に、日本政府のこのロジックはどのように響くのだろうか?

さらに私たち中東研究者に苦い思いを抱かせるのは、これまでも中東で大きな戦争が起きるたびに、それを理由に日本の安保政策が変更されてきたという事実である。特に湾岸戦争(一九九一年)とイラク戦争(二〇〇三年)という二つの大きな戦争は、自衛隊の中東地域への派遣のレベルが次第に上がり、「PKO協力法」から「イラク特措法」へと法体制が大きく変わる契機となった。今回の「安保法制」は、こうした中東での戦争を理由にした安保政策変更の歴史の一つの到達点であり、重要な転換点である。これを別の角度から見るならば、中東で起きた戦争や紛争を口実にして、つまりは中東の人びとの悲劇を利用して、日本が海外で軍事力を行使する道に向かって歩んできたということができる。そして今回の「安保法制」によって、将来において中東の悲劇を極限まで増幅させる戦争に、日本が本格的に加担する可能性が現実味を帯びてきた。

私たち中東研究者が「安保法案」に反対するアピールを発表したのは、それが研究者としての社会的な責任にかかわるものだと考えたからである。賛同者にはこれまで日本の中東研究や中東外交、中東との交流活動やジャーナリズムの第一線で活動してきた人びとが加わっている。また、現代政治や国際政治の専門家だけでなく、歴史学、宗教思想、文学、言語学、社会学、文化人類学など、中東の社会と文化の基層にかかわる研究を行ない、それを通じて中東という地域を理解しようとしてきた研究者も数多く参加している。長年にわたって中東の社会と文化を研究し、日本と中東の相互理解をめざして努力してきた研究者が、それぞれの経験と知見に照らして、「安保法制」がもたらすものに危惧を覚え、社会に対する自らの責任として発言を始めているのである。

中東は、歴史の曙以来、世界の人類全体に対し、文化や科学の最新知識を発信し続けてきた先進的な文明地域である。多くの研究者は、こうした中東の厚みのある歴史的な魅力にひかれ、それゆえこの地域とそこに暮らす人びとの研究に携わることを自らの誇りにしてきた。その際中東研究者は、はるか昔の出来事や事物、思想を研究するときでも、かつての時代と同じ地域に現在暮らしている人たちとのつながりのなかで、またそうした人のつながりに守られるかたちで研究を進めてきた。

ある考古学者は最近上梓した著書のなかで、現在、これまでの日本人研究者と調査地の人びととの絆が脅かされる状況が生じつつあることに危惧を示している。また、外国の軍事介入に起因する暴力の蔓延と混乱、その結果としての貧困によって、貴重な遺物の略奪や破壊が起きていることを憂えている。しかし同時に、この地域で古代文明以来、連綿と育まれてきた共存の知恵が生かされる日もいつか来るのではという希望も述べている(小泉龍人『都市の起源――古代の先進地域＝西アジアを掘る』講談社メチエ、二〇一六年)。

中東に対し、欧米さながらの「上から目線」(＝植民地主義的)なつきあい方、軍事・「安保」中心のアプローチをするのではなく、中東という地域とそこで暮らす人びとから謙虚に学ぶこと、対等で信頼に満ちた関係を築いていくこと――それが今後の日本と中東、世界の未来を拓く道だと私たちは信じている。中東研究者がそのために果たせる役割は小さくないはずである。

本書の構成

本書は前半の「論考」部分と、後半の「メッセージ」部分から成り立っている。

「論考」部分は四つの部からなり、第Ⅰ部「岐路に立つ日本と世界――日本はどこに向かおうとしているのか」には、「安保法制」が日本の対外政策全体にとっての大きな転換点、戦後日本にとっての岐路であることを確認するとともに、それが世界のなかでの日本の位置、日本＝中東関係をどのように変え、日本社会自体をどう変貌させていくかを検討する論考が収められている。「安保法制」をアメリカの世界戦略のなかに位置づけるだけでなく、世界史・人類史的な視野、パレスチナ問題との関連、イスラエルと日本の比較や、「敵」を作り出す社会の力学等の視点が提示される。次いで第Ⅱ部「中東と世界で起きていること」には、激動する現在の中東、そして世界の情勢をどう捉えるかをめぐる論考が収められ、イラクやシリアの状況、湾岸情勢、さらにはいわゆる「ＩＳ」のような存在をどう捉えるべきかが検討される。第Ⅲ部「日本の軍事大国化と中東」では、日本の軍事化が具体的に中東を舞台にどのように進行しているかが検討される。変容する日本外交が中東の人びとにどのように受けとめられているかが明らかにされ、イスラエルとの関係強化がもつ意味、ＯＤＡの変質、さらに現在自衛隊がＰＫＯ参加中の南スーダンの状況なども紹介される。最後に第Ⅳ部「いま私たちがやるべきこと――平和憲法と日本の外交力」には、今後中東にどのように向き合い、かかわるべきかを考える論考が収められている。「市民」としての自覚に支えられた活動の重要性、戦争体験をもつ日本の研究者ならではの研究や交流の経験、宗教学からのアプローチ、そして中東の経験に学びつつ東アジアにおける日本の「植民地責任」とも向き合う可能性、など、新鮮な切り口からの提言が並ぶ。

後半の「メッセージ」部は、簡潔なコメント・エッセイ形式で、二十余名の中東研究者が自分はなぜ「安保法制」に反対なのかを記したものである。執筆者の専門はさまざまで、年齢的にも、数十年にわたって研究・外交を牽引してきたベテランから、今まさに中東研究の最前線を切り拓きつつある若い世代までが含まれている。メッセージからは「安保法制」の深刻な問題点が明らかになると同時に、個々の研究者の発言を支えているさまざまな経験や知見、中東研究者というものは日頃どんなことを考え、研究してきたのかを知る手がかりも得られるかもしれない。平和憲法をもつ被爆国の出身であるという事実が、いかに日本の研究者や外交官のバックボーンを形成してきたのか、憲法九条に守られていたがゆえにどんな社会にも何の恐れもなく分け入り、現地の人びとと交流できた幸運、等々、「そもそも日本の中東研究者とは何者なのか」――どのような存在であり、どのような責務を果たさねばならないのか――という問題を考えさせる内容ともなっている。

「論考」「メッセージ」のいずれについても、タイトなスケジュールのなか、仕事や研究、現地調査等の合間を縫って原稿を寄せてくださった執筆者全員に感謝したい。数十名におよぶ執筆者を見事に統括して編集作業を進めてくださった大月書店編集部の角田三佳さん、装丁や印刷・製本等を担当された方々にも心より御礼申し上げたい。

巻末には「『安保法案』に反対する中東研究者のアピール」および日本＝中東関係を考えるうえで重要な二、三の資料を付した。

「安保法制」は施行されたが、この法制が民主主義の観点からも、また日本と中東をはじめとする世界の諸地域との関係という観点からも、重大な問題をはらんでいることは変わらない。今後も中東研究の立場から「安保法制」の問題性を検証・指摘し続けるとともに、日本は中東とどのように向き合い、かかわっていくべきなのかについて考え、行動し、提言していきたいと考えている。本書が、中東と日本の友情と相互理解の発展を願う人びとの一助になれば幸いである。

二〇一六年三月二九日

執筆者を代表して　長沢栄治・栗田禎子

《表記・表現等に関する備考》

本書中の固有名詞や専門用語のうち、一部については原音に近いかたちで表記の統一を行なった（「イスラーム」「スンナ派」など）。ただし、すでにマスコミ等で慣用的表記が定着しているもの（「サウジアラビア」「フセイン」など）についてはそれに従った。なお、現在日本のメディア等で「ＩＳ」あるいは「イスラーム国」と表記されることが多い組織に関しては、この組織をどう名づけるかということ自体が大問題である（そもそもＩＳと呼ぶべきではないという指摘もある。詳しくは第10章参照）。「ＩＳ」を名乗る以前の「イラクとシャーム（歴史的シリア）におけるイスラーム国」のアラビア語の略称である「ダーイシュ」以外にも、英語の略称であるＩＳＩＬ、ＩＳＩＳなどの表記があるが、本書ではあえて統一していない。

『中東と日本の針路――「安保法制」がもたらすもの』

目次

第Ⅲ部 日本の軍事大国化と中東

第Ⅳ部 いま私たちがやるべきこと―平和憲法と日本の外交力

メッセージ篇

私たちはなぜ「安保法制」に反対するのか

第I部

岐路に立つ日本と世界——日本はどこに向かおうとしているのか

米議会上下両院合同会議で演説する安倍晋三総理（2015年4月29日）（提供：朝日新聞社）

2015年10月17日にインド洋上で実施された日・米・インドの共同訓練。米空母（手前）と並ぶように航行する海上自衛隊護衛艦が見える（提供：朝日新聞社）

第1章

「安保法制」と中東

栗田禎子

はじめに

二〇一五年九月に安倍政権によって「安保法案」が成立させられる過程で、国民に対してはこの法案は基本的に「日本の防衛」にとって必要なものだという説明がなされ、その必要性を強調する文脈では主として東アジアにおける緊張の高まり（＝中国や北朝鮮の動向）が引き合いに出された。

東アジアにおける緊張が激化していること――また皮肉なことにそれにはほかならぬ日本の対外政策の変化自体も寄与してしまっていること――は、残念ながら事実である。だが、「安保法案」全体の性格に関しては、これが実は東アジアだけを対象としたものではなく、日米の地球大での「切れ目のない」協力態勢構築をめざすものであること――「日米同盟のグローバルな性質」を強調し、今後は日本がアメリカとともに「アジア・太平洋およびこれを越えた地域」の「平和」や「安定」に関与していこうとするものであること――に注目する必要がある。「安保法案」の青写真をなす合意文書と言える日米「新ガイドライン」（「新たな日米防衛協力のための指針」。二〇一五年四月二七日）でも、安倍晋三総理が米議会の上下両院合同会議で行なった演説（同二九日。このなかで総理は安保法制を「夏までに成就させる」ことを約束した）でも、このことは公言されている。また、そもそも安倍政権の対外政策の基調として喧伝され、「集団的自衛権」行使容認や「安保法案」とも密接不可分の関係にある「積極的平和主義」なるもの自体が、日本が「国際社会の平和と安定」に「積極的に」（＝軍事的に）関与する方針を宣言するものであり、「グローバル」な姿勢は鮮明なのである。

では、今後は日米が地球大で「切れ目なく」軍事協力を行なっていくと言うとき、そこで念頭におかれている地域（＝アジア・太平洋および「これを越えた地域」）とは、具体的にはどこなのだろうか？ 客観的に考えると、それは実は中東であることに気づかされる。――以下では（1）「冷戦」後の現在の世界で中東がおかれている状況を確認し、（2）中東に対するアメリカ主導の一連の戦争と、それが日本の対外政策にもたらした変化を跡づけるとともに、（3）「安保法制」が今後の日本＝中東関係をどこに導いていくことになるのかを考えたい。

1　現代世界における中東――アメリカ主導の対中東戦争がもたらしたもの

過去二〇数年間、いわゆる「冷戦」体制終焉にともなって国際政治の構造が大きく変わるなかで、アメリカ主導の大規模な戦争の対象となってきたのは、ほかならぬ中東であった。中東に対する一連の戦争は、湾岸戦争（一九九一年）に始まり、さらに二一世紀に入ると9・11を契機とする「対テロ戦争」という新たな衣もまといつつ、アフガニスタン戦争（二〇〇一年）、イラク戦争（二〇〇三年）というかたちで展開してきた。

昨今、世界では「難民問題」の深刻さに急速に関心が集まっている。ヨーロッパ等に流入しつつある難民のうち約半数はシリア出身だが、残りもアフガニスタン・イラク等、中東からの難民が多数を占める。こんにちの「難民問題」の根底に存在するのは、過去四半世紀の米主導の一連の戦争の結果、「国家」を丸ごと破壊されてしまったような国が中東にいくつも生まれてしまったという事実だと言えるのではないか。

中東が戦争の標的とされてきた主たる要因は、第一には言うまでもなく「石油」に象徴される資源・経済面での重要性であり、第二にはこの地域の戦略的・地政学的な重要性である。さかのぼれば一九世紀以来、中東はその軍事的・経済的重要性ゆえに英仏をはじめとする先進工業諸国による侵略や植民地化の対象となってきた（エジプトはスエズ運河という戦略的要衝の地であるがゆえにイギリスに占領された。また二〇世紀に入ると石油が重要なファクターとして浮上し、第一次世界大戦後にはアラブ地域の大半は英仏によって分割され、事実上の植民地とされるにいたる）。これに対し、一九五〇年代以降はアジア・アフリカ全域における民族独立・脱植民地化の流れと軌を一にして中東でも政治的・経済的主権回復の動きが強まり（英軍撤退やスエズ国有化を成し遂げたエジプト一九五二年革命など）、また国際政治の場でもいわゆる「冷戦」体制下で「社会主義陣営」の存在が先進資本主義諸国の行動をある程度制御する効果をもったため、最大の資本主義国として英仏に代わって台頭したアメリカも中東に対し、かつての英仏のようなむきだしの軍事介入・植民地支配は行なえない状況が生まれた。それゆえこの時期には、中東の革命的動き等に対し軍事干渉を行なう必要が生じた場合は、アメリカは域内――中東の心臓部であるパレスチナ――に埋め込まれた入植者国家イスラエルを用いて戦争を行なわせるという手法をとったのである（典型的な事例はイスラエルがエジプトのナセル体制に決定的な打撃を与えた六七年の「第三次中東戦争」）。しかしながら「冷戦」体制終焉にともなう国際政治の構造の激変は、先進資本主義諸国が再び中東に対し、経済的・地政学的利害に基づく直接的介入を開始することを可能にした。冷戦後、経済的には「市場原理の貫徹」、資本の論理による地球統一（＝グローバリゼーション）をめざす「新自由主義」が世界を席捲し、政治的・軍事的には最大の資本主義国であるアメリカによるヘゲモニーが現出するなかで、アメリカが、かつての英仏を彷彿とさせるような中東に対するむきだしの侵略・介入に着手するという状況が生まれたのである。

こうして一九九〇年代以降本格化した一連の対中東戦争の特徴としてあげられるのは、アメリカがこれらの戦争を、他の先進資本主義諸国も巻き込み、動員するかたちで、「国際的」に組織するという手法をとっていることである。湾岸戦争は「多国籍軍」として戦力を国際的に組織し、形式上は国連安保理の「武力行使容認決議」を経て、戦費は日本等に負担させるというかたちで行なわれた。

「有志連合」型のスタイルはイラク戦争にも引き継がれた（ただしこの戦争の際はアメリカは安保理決議とりつけには失敗）。このような現象をサミール・アミーン（エジプト出身のマルクス主義経済学者）は、「集団的帝国主義」――米、ヨーロッパ、そして日本（＋オーストラリア）という「三極」からなる「北」が、共同で「南」の民衆を抑圧し、資源を収奪しようとする仕組み――として捉えている。[*1] ちなみに二〇〇四年五月のＮＡＴＯ（北大西洋条約機構）の会合で米代表は、（従来の「中東」を南アジア・東南アジア・中央アジア・アフリカの一部も含めるかたちでさらに拡大した）「大中東」概念を提唱し、これは「民主主義の発展が遅れ、大量破壊兵器開発をめざす独裁政権が多く、これらの兵器を奪取しようとするテロリストが跋扈している」危険な地域なので、今後はこの地域の安定を確保することこそがＮＡＴＯの主要任務となる、という認識を示しており、先進諸国による「南」の共同管理・支配――およびその主要な標的としての「中東」――というアミーンの議論を裏づけるかたちとなっている。[*2]

興味深いのは、「安保法案」にいたる論議のなかでにわかに注目され始めた「集団的自衛権」というもの自体が、巨視的には、以上のような一九九〇年代以降の対中東戦争の過程で――アメリカが戦争に他の先進諸国を動員するツールとして――新たな重要性を獲得してきたと考えられることである。「集団的自衛権」は周知のように国連憲章五一条に書き込まれている概念であるが、「冷戦」期には基本的に米ソ両超大国が他国に介入する際（ベトナム戦争やアフガニスタン侵攻など）にのみ用いる、きわめて例外的なものであった。ＮＡＴＯが発足後初めて「集団的自衛権」発動を宣言したのは、実は

「冷戦」終結後、二〇〇一年９・11事件の際で、ＮＡＴＯ諸国はこれに基づいてアメリカの対アフガニスタン戦争に協力した。またオーストラリアもこのとき初めて「集団的自衛権」行使というかたちでアフガニスタンに派兵した。日本に「集団的自衛権」行使を求めるアメリカの圧力が強まり始めるのもちょうど同時期のことであって（＝二〇〇〇年一〇月「アーミテージ・レポート」）、ここからは「集団的自衛権」というものが、アメリカが中東等に対する戦争に他の先進諸国を巻き込み、協力させるうえで便利な装置としてこの頃に「再発見」されたことがうかがわれる。「集団的自衛権」問題の今日的意義は、「北」の諸国による「南」の共同支配・管理という「集団的帝国主義」の文脈で捉える必要があると言えよう。[*3]

2 「中東有事」と日本の軍事化

以上をふまえたうえで改めて近年の日本の対外政策の変容を振り返ると、それはまぎれもなく中東に対するアメリカの戦争に対応するかたちで推移してきており、日本の軍事国家化（自衛隊の海外派兵を拡大する動き）は一連の「中東有事」を契機に進展してきたことがわかる。このプロセスは該当の章で詳しく扱われるので、ここでは駆け足で確認しておこう。

「冷戦」体制崩壊期にアメリカが中東に仕掛けた最初の大規模戦争である湾岸戦争に、日本は巨額の戦費負担というかたちで協力し、さらに機雷除去を名目に戦闘終結後のペルシア湾に対する掃海艇派遣も行なった。また、国連ＰＫＯ（平和維持活動）に自衛隊を参加させる「ＰＫＯ協力法」も湾岸戦争後、自衛隊の海外派兵拡大の突破口として導入されることになる。二〇〇一年のアフガニスタン戦争に際しては日本政府は「テロとのたたかいを支持」することを表明し、「対テロ特措法」を制定して米軍等へのインド洋沖での給油活動を行なった。さらに二〇〇三年のイラク戦争では「イラク特措法」を制定し自衛隊を派兵して米英によるイラク占領に協力、「人道復興支援」名目のサマーワでの給水活動のみならず、実際はバグダードでの米軍支援のための空輸活動も行なうことになる。[*4]

目立った戦争はない時期にも、自衛隊の海外派兵の「実績」を維持・拡大しようとする動きは続き、二〇〇九年にはソマリア沖の「海賊対策」を名目に、インド洋に海上自衛隊が派遣され（「海賊対処法」）、作戦実施のためとして東アフリカのジブチ（紅海を睨む軍事上の要衝）に自衛隊初の海外の恒久基地が建設されるにいたった。[*5] また二〇一一年にスーダン南部が分離独立すると、インフラ整備を支援して新生国家の「国づくりのために汗を流す」として、国連南スーダンＰＫＯに自衛隊が派遣された。[*6] これらは一見バラバラの動きのように見えるが、中東・アフリカにおける自衛隊のプレゼンスを拡大しようとする共通の構想に支えられており、ジブチの基地は南スーダンＰＫＯに参加する自衛隊の活動支援にも用いられた。また、米「アフリカ軍」司令部（ＡＦＲＩＣＯＭ）との連携もめざされていく。

二〇一三年一月にアルジェリアの天然ガスプラントで人質事件が発生すると、安倍政権はこれを機に自衛隊を海外の「邦人保護・輸送」にも従事させる方針を示した（自衛隊法改正）。さらにこの事件を契機に、「国家安全保障会議」設置の動きが具体化し、さらに（「諸外国の情報機関との協力・情報共有のために必要」との論法で）外交・軍事等に関する情報を主権者である国民の目から隠す「特定秘密保護法」も導入される（二〇一三年一一月）にいたるのである。

3　集大成としての「安保法制」

以上、日本の軍事化は一連の「中東有事」に対応するかたちで進んできたことを見てきたが、「安保法制」はこうしたプロセス全体の集大成と言える内容をもち、そこには現在（および未来）に中東で起きることが予想されるあらゆるタイプの戦争に参加できる仕掛けが凝らされている。

いわゆる「安保法制」は一本の新法と既存の一〇本の法の改正案からなるが、「国際平和支援法」（新法）は、湾岸戦争・イラク戦争型の戦争を念頭においたうえで、今後類似の戦争が起きた場合、従来より踏み込んだ「協力」を行なうことをめざす法律と言える（＝「戦闘地域」「非戦闘地域」という区別はなくなり、自衛隊は「戦闘現場」でなければどこにでも派遣されうる。また戦争の根拠についても――武力行使を直接正当化する安保理決議が得られなかったイラク戦争の教訓に学んでか――国連憲章の「目的」に沿っていればよく、「関連の決議」があればよい）。「重要影響事態法」（＝「周辺事態法」を改正）は、日本の平和と安全に「重要な影響」を与える事態であれば（日本「周辺」でなくても）自衛隊は米軍と協力できるとするものであるが、これに中東での紛争も該当する可能性があることは国会での質疑で明らかになった（二〇一五年五月二九日衆院安保特別委での岸田文雄外相の答弁等）。さらに「武力攻撃事態法」（改正）は、「安保法制」最大の争点とされたいわゆる「集団的自衛権」と、その行使の前提としての「存立危機事態」をめぐる規定（＝他国に対する武力攻撃が発生し、それにより「我が国の存立が脅かされ、国民の生命、自由及び幸福追求の権利が根底から覆される明白な危険があるもの」）を含む法律であるが、この「存立危機事態」の典型例として安倍総理が繰り返し挙げたのは、「ホルムズ海峡が機雷封鎖された場合」であり、その際には自衛隊を派遣して掃海活動を行なうとされた。自国が攻撃されていなくても資源確保（＝国民の「ゆたかなくらし」）のためならばペルシア湾まで派兵するというのはきわめて帝国主義的な論理であるが、政府がこの事例にこだわる背景にはアメリカが地球大、特に中東での「シーレーン防衛」（＝「海洋安全保障」）への日本の協力を求めており、「アーミテージ・レポート」（第三次。二〇一二年八月）では実際にホルムズ海峡への出動が具体的要請項目として明記されているという事実がある。[*7]

「PKO協力法」（改正）では、他国の軍隊やNGOに対する「駆けつけ警護」、それにともなう武器使用拡大が定められたが、現在自衛隊が国連PKOに参加しているのは南スーダンなので、「駆けつけ警護」が解禁されればその最初の戦場は南スーダンとなる可能性が高い（独立後の同国では二〇一三年一二月に深刻な内戦が発生)。また、注意すべきなのは、改正ＰＫＯ協力法は国連ＰＫＯだけでなく、「国際の平和と安全を維持するため」に二国以上が連携して行なう活動(＝「国際連携平和安全活動」)への自衛隊の参加も対象とすることになっており、イラク占領中にサマーワで自衛隊が行なっていた活動や、アフガニスタンでＮＡＴＯ諸国が「治安維持」名目で行なってきたような作戦への参加も、今後はこの「改正ＰＫＯ協力法」によって可能になるということである(二〇一五年九月九日参院安保特別委での中谷元防衛相答弁、五月二八日衆院安保特別委での安倍総理答弁等)。

このように「安保法制」は、自衛隊が今後中東やアフリカを標的にして起きるであろうほとんどすべての戦争・軍事行動に協力・参加する道を開くものである。これまで自衛隊の中東派兵を支えてきた法は「特措法」であり(「対テロ特措法」や「イラク特措法」)、時限的な性格のものだったが、「安保法制」は恒久法である。また、一一本の法が全体として一体をなし、時には複数の法を横断するかたちでさまざまなタイプの海外派兵を可能にする装置が仕込まれている点も特徴で、ここからはこの法制は(部分部分を取り上げても意味がなく)全体を批判、廃止せねばならないことも明らかとなる。

4　「安保法制」は中東と日本、世界に何をもたらすか

すでに見たように、中東は一九九〇年代以来、アメリカをはじめとする先進資本主義諸国による経

済的・軍事的圧力にさらされ、アメリカ主導の一連の戦争の標的となってきた。このような状況が打開され、「潮目が変わる」チャンスが一瞬だけあったとすれば、それは二〇一一年の中東革命（いわゆる「アラブの春」）だったと言える。チュニジア、エジプトで立ち上がり、非暴力・平和的な巨大な民衆運動によって革命を成し遂げた人びとは、自国の強権的政権を打倒しただけではなく、民主化によって政治を自らの手に取り戻し、経済的・政治的主権を回復して、今後は先進諸国による中東への介入を寄せつけない状況を作り出すことをめざしていたのであり、それは九〇年代以降の中東がおかれた従属状況全体――「新自由主義」とアメリカ主導の対中東戦争の展開――への異議申し立てでもあった。しかしながら二〇一一年に生じた動きは、それが先進諸国による中東支配を根底から揺るがし、現在の世界の構造全体を大きく変える可能性を秘めたものだったがゆえに、何とかこの動きを潰そうとする巨大な力にさらされることになる。団結して立ち上がった民衆を分裂させ、宗教・宗派、民族に基づく対立を煽り、流血や「内戦」を引き起こすことで中東に混乱状況を作り出す――それによりこの地域を従属のなかに留め置き、「混乱」を名目に先進諸国が介入し続けることができるような状況を作り出そうとする――試みがさまざまなかたちで始まり、その過程で、現在の中東の悲劇的かつ異様に複雑な状況が引き起こされた。具体的分析は本書の各章に譲るが、民主化を求める市民の動きに外部（サウジアラビア・カタル、トルコ等の域内の諸政権、さらに欧米諸国）がつけ入るかたちで「イスラーム主義」勢力への資金・武器援助を行なって「内戦」を引き起こさせたシリアの例、民主化運動を（スンナ派＝シーア派の）「宗派対立」と歪曲することで介入・弾圧が行なわれたバハレーンの例、ＮＡＴＯが空爆（その先鞭をつけたのは米「アフリカ軍」）で政権打倒に関与したリビアの例などは、すべてこの文脈のなかで捉えることができる。現在の中東におけるとりわけ深刻な現象としてマスコミ等でも注目されているのは、いわゆる「イスラーム主義」勢力（その極限形態としての「ＩＳ」）の動向、そして「宗派対立」の問題だが、「ＩＳ」（いわゆる「イスラーム国」）も「宗派主義」も、巨視的に見ればこのような「二〇一一後」の状況のなかで作り出され、重要な機能を与えられてきた「装置」だと言える。

このような情勢のなかでは、近い将来に再び中東を舞台とする戦争、先進諸国による中東への大規模軍事介入が発生する可能性は、決して低くない。現在のところ、中東に先進諸国の介入を招き寄せるうえで最も顕著な役割を果たしているのは、言うまでもなく「ＩＳ」である。ＩＳの特に二〇一四年以降の急成長は、一五年夏の「難民問題」深刻化ともあいまって、先進諸国が中東への軍事介入を再度本格化させ、空爆等に乗り出すことを可能にした。特徴的なのは、「ＩＳ対策」や「テロとのたたかい」（また時には「難民問題の根本的解決」）を旗印として掲げながら、実際には特にシリアを標的に定めたあからさまな軍事介入・主権侵害が進行したことである。これに対しロシアが牽制の動きを示し、現在シリアについては政治的解決をめざすプロセスが動き出してはいるが、「国際社会」の関与が最終的にはシリアにおける人為的「レジーム・チェンジ」や事実上の占領、混乱対処のための「共同管理」「治安」作戦等へとつながっていく可能性は消えていない。アフガニスタンやイラクに続き、シリアという国が先進諸国による全面的介入の対象となり、解体されていく危険性は存在している。

また、「宗派対立」問題の文脈では、「核開発問題」に関する二〇一五年夏のイラン＝米合意によって、イランをめぐる国際的緊張が緩和されたにもかかわらず、むしろこれに代わる新たな紛争の火種を作り出し、緊張を持続させようとするかのように、「スンナ派＝シーア派」対立を煽動する動きが再度生じている（サウジアラビアによるシーア派指導者処刑、それに続くイランとの国交断絶など）。興味深いことに「シーア派ベルトの脅威」論は、実は「イランの脅威」を口実に自国の軍事大国化やパレスチナへの占領継続等の政策を正当化しようとするイスラエルによって展開されてきたレトリックでもあるが（特に二〇〇六年レバノン侵攻の際など。ここから現在の中東における「宗派対立」の背後には中東を宗派・民族別に分断しようとする米＝イスラエル主導の「新中東構想」が存在するという指摘もある）、二〇一一年以降はサウジをはじめとする湾岸の保守的アラブ諸国の体制が「シーア派脅威論」を最大限煽ることで域内の緊張持続や国内の体制引き締めを図る現象が顕著となってきた。結果として、現在湾岸では保守的アラブ諸国とイランとの対立が強まっており、場合によってはこれは「ホルムズ海峡問題」が将来（人為的に操作されるかたちで）再浮上・争点化されることにつながる可能性もある。「宗派対立」に基づく紛争煽動の構図は、サウジ等によるイエメン軍事介入にも見られるが、イエメンでの戦争は激化・拡大すれば紅海や「アフリカの角」にも波及する可能性があり、その場合ジブチの自衛隊基地はこの地域に対するアメリカをはじめとする諸国の軍事介入の前哨基地としての役割を果たすことになるかもしれない。

以上からは、中東を標的とする戦争が今後も繰り返される可能性は高く、またその場合には、「安保法制」成立後の日本は否応なくその戦争に全面的に協力していくことになるだろうことが明らかである。「安保法制」は恒久法であり、また同法制およびその前提をなす日米「新ガイドライン」に基づく米軍との協力態勢（「同盟調整メカニズム」による「平時・戦時を問わない」協力、武器の共同開発等）はすでに動き出している。アメリカが中東に有する経済的・戦略的利害が厳然と存在するなかでも、これまでオバマ政権は中東への直接軍事介入には比較的抑制的であり（これは同政権がイラク戦争に対する米国民の批判、反戦世論を背景に成立したという要因による）、地上軍の人規模派遣等の手法をとらなかったことは事実である。しかし「オバマ後」のアメリカに（共和・民主党のいずれかを問わず）再びイラク戦争当時の「ネオコン」さながらの対外政策をとる政権――または、それ以上に無法者的な、ファシスト的・人種主義的政権――が出現し、再度中東に対する戦争に着手するとき、アメリカとの「切れ目ない協力」を誓った日本は、その戦争に確実に参加していくことになる。

振り返ればちょうど一〇〇年前、中東に対する経済的・軍事的支配をめぐる列強による合従連衡は、結果的に帝国主義戦争としての第一次世界大戦につながったが（大戦にいたる「英仏協商」「英露協商」

等の枠組みは、これら諸国が中東やアフリカにおける権益をめぐって競合しつつ、最終的にはドイツという新興勢力と対抗するために連携し、共同して中東支配にあたろうとする過程で形成された)、現在の世界でもさまざまな危機は連鎖・複合しており、中東をめぐる危機は容易に全世界を巻き込む戦争へと発展する可能性がある。

シリアをめぐるロシア＝トルコ対立は、ひとつ間違えば(ウクライナ危機との連動など)、ロシアとNATO(トルコはその一員である)の軍事対決につながる危険性を秘めている。またアメリカとともに中東・アフリカへの軍事的プレゼンスを拡大しようとする日本の対外政策は、中国がこれを警戒・批判しつつ、対抗するかたちで自らもこれをなぞるかのような政策を採用・展開していく(＝「海洋安全保障」や「シーレーン防衛」の強化、「テロ対策」目的での海外派兵の方針表明)という現象を引き起こしている。冒頭で「安保法制」の狙いは「東アジア」か「中東」かを問うたが、将来は中東・アフリカをめぐる競合と東アジアにおける緊張とが連動して、世界的危機にいたることも考えられる。

「安保法制」は、中東と日本――ひいては世界全体――を出口のない戦争と混乱の時代へと導いていく扉となるのではないか。

[注]

＊1　*Qaḍāyā Fikrīya*(『思想問題』誌) no.21, Cairo, 2005, pp. 85-98.

＊2　Ambassador R. Nicholas Burns, "NATO and the Greater Middle East," 18 May, 2004.
＊3　いわゆる「第一次アーミテージ・レポート」については以下を参照。"INSS Special Report, The United States and Japan: Advancing Toward a Mature Partnership," Institute for National Strategic Studies, National Defense University, 11 Oct. 2000. 日本に「集団的自衛権」解禁を求めたこの報告書のなかでは同時に、「冷戦」終結後、アジアにおける紛争の可能性は「劇的に低下」したという認識が率直に示されている点も興味深い。以下も参照されたい。栗田禎子「『集団的自衛権』問題の正体――『集団的帝国主義』の時代の日本型ファシズム」『歴史学研究』九二七号（二〇一五年一月）。
＊4　日本政府がイラク戦争「支持」を表明し、イラク占領に参加する過程でどのようなロジックが用いられたかについては、栗田禎子「イラク戦争と日本の変貌」安田浩・趙景達編『戦争の時代と社会』青木書店、二〇〇五年、参照。
＊5　歴史学研究会による以下の声明参照。「『海賊対策』を名目とする自衛隊の海外派兵拡大に反対する声明」『歴史学研究』八五七号（二〇〇九年九月）。
＊6　栗田禎子「南スーダンへの自衛隊派遣問題をめぐって」『憲法運動』四〇七号（二〇一二年一月）。
＊7　Richard Armitage, Joseph S. Nye, "The U.S.-Japan Alliance: Anchoring Stability in Asia," Center for Strategic and International Studies, Aug. 2012. ホルムズ海峡（ペルシア湾）への自衛隊の出動はこの提言では、石油の円滑な流通という「グローバル・コモンズ」（「国際公共財」）を確保するための活動として位置づけられている。ちなみに報告書冒頭には、これらの提言は日本が「一等国 a tier-one nation」にとどまりたいならとるべき政策を示したまでで、「二等国」に滑り落ちてもかまわないなら採用する必要はない、との説明が付されている。

（中東現代史）

第2章

「安保法制」論議の足元を考え直すための視点三つ

板垣 雄三

二〇一五年八月一〇日、〈「安保法案」に反対する中東研究者のアピール〉が公表された（アピール全文は本書巻末の「資料」に収録）際、筆者はその記者会見には都合がつかず立ち会えなかったが、アピール呼びかけ人の一人として、会見場にメッセージを送った。そこでは、中東研究者が声をあげることの意味を社会的に理解してもらうため、短くひきしまった有志共同アピールにはかならずしも盛り込まれていない筆者独自の視点を示してみた。

本稿は、このときのメッセージ（これはごくそっけない三項目からなるものだった）に説明を加えることで、その内容を敷衍・展開し、読者に考察の素材を提供しようとするものである。「です・ます」調の太字部分がメッセージの本体、それ以外の文章体の部分が新たに書き加えた注釈的説明である。[*1]

日本の亡国を促進する「安保法案」に対して、中東研究の立場から警告すべき問題点は多々ありますが、この際、私からは、三つの論点を指摘するにとどめます。

1　「存立危機事態」というコンセプト

それは、国際政治上、①「国家の生存権」、②「レジーム・チェンジ」、③「破綻国家」、④「国家解体」などについて、歴史性を欠き人工的に構成された性質が顕著な中東諸国（たとえば上の①②③④各項ごとに、①イスラエル、②イラク、リビア、③ソマリア、④シリア、のような）のケースを典型例として、問題とされてきたものです。日本の「存立危機」なるものが検討課題となる場合においても、当然、上記のことを無視して議論していてよいわけではありません。

植民地支配に失敗し、無謀な侵略戦争を拡大して世界の圧倒的多数の国々を敵にまわしたあげく、破滅的「自爆」戦争に突入して一九四五年、無条件降伏による「大日本帝国」の壊滅を経験した日本社会は、これを機に、戦力をもたず戦争行為はいっさい行なわないことを決意し誓約して、国際社会への復帰を許され、政治経済的・社会文化的再建に取り組んだのだった。

この事情は、日本国憲法前文および第九条において明言されているだけでなく、国際連合憲章に今なお残る「敵国条項」（第五三条、第七七条、第一〇七条）の明示するところである。ことにこんにち、改めて注目し直すべきは、憲章第五三条「安全保障理事会は、その権威の下における強制行動のために、適当な場合には、前記の地域的取極または地域的機関を利用する。但し、安全保障理事会の許可がなければ、地域的取極に基づく又は地域的機関によるいかなる強制行動もとられてはならない。もっとも、本条二に定める敵国［第二次世界大戦中にこの憲章のいずれかの加盟国の敵国であった国］のいずれかに対する措置で、第一〇七条［この憲章のいかなる規定も、第二次世界大戦中にこの憲章の署名国の敵であった国に関する行動でその行動について責任を有する政府がこの戦争の結果としてとり又は許可したものを無効にし、又は排除するものではない］に従って規定されるもの又はこの敵国における侵略政策の再現に備える地域的取極において規定されるものは、関係政府の要請に基づいてこの機構がこの敵国による新たな侵略を防止する責任を負うときまで例外とする」という条項である。日本が、「集団的自衛権」の名において再び戦争する国になるならば、「侵略政策の再現に備える取極」や「新たな侵略の防止」がまったく新しい状況下でその意義を新たに見直される日が来ないとは限らない。

確かに、国連では「敵国条項」はobsolete（時代遅れ）との認識から、一九九五年一二月一一日その削除を志向し改正手続に着手するとする国連総会決議（A/RES/50/52）が成立した。だが、第一〇八条が定める改正は「総会構成国の三分の二の多数で採択され、且つ、安全保障理事会のすべての常任理事国を含む国際連合加盟国の三分の二が各自の憲法上の手続に従って批准したとき、すべての国際連合加盟国に対して効力を生ずる」とする手間を課すうえに、日本は国連憲章改正よりも安保理常任理事国入りをめざす安保理改革に熱をあげるようになったので、「敵国条項」削除へのプロセスは手つかずのままである。

日本国憲法を貶め「自主憲法」制定を標榜する政党が、「民主主義」に乗じて支配政党となり、マスメディアを操って国民を幻惑する憲法無視クーデタまがいのあの手この手の策略を弄《もてあそ》ぶにいたっているのが、現状だ。二〇世紀世界史のなかの日本を虚心に振り返れば、日本国憲法の改正は、国連憲章の改正を推進してこれを実現したのちに取り組むのが、本来、国際的礼節のはずである。そこでは、中国の理解と協力を得ることが鍵となろう。

「戦後体制脱却」の「積極的平和主義」の実体は、米国の日本ハンドラーズの指示（たとえば、Richard Armitage & Joseph Nye, The U.S.-Japan Alliance: Anchoring Stability in Asia [a CSIS Report], August 2012.）[*2]に沿うものだと見られている。ここで、ことさら「存立危機事態」という「中東化」的概念が持ち出されると、米国のイスラエル・ロビー／ネオコンの影響が歴然としてくる。同類の米国・イスラエルに比べ、はるかに年季が入った人種主義・軍国主義の歴史をもつ日本という「植民国家」（エミシ・エゾ抑圧、俘囚《ふしゅう》［大和《ヤマト》支配下に取り込まれたエミシ］の「同化」）のもと、それに耐えまた抵抗しつつ形づくられてきた日本社会の伝統に根ざす思考を放擲《ほうてき》する点で、また、瞞着《まんちゃく》綱渡り（アベノミクス・オリンピック効果・沖縄分断・TPP・原発再稼動など）政策破綻の危うさのもと、硬軟取り混ぜる風見鶏《かざみどり》的ポピュリズムにより「敗戦（＝破局）後七〇年」の否定を探求する点で、なんともぶざまな自信喪失の正体が暴露されている。米国に自衛隊を傭兵として差し出すことが「存立危機事態」乗り切りへの道と言い張ることで、予定される「存立危機」とは、国民の安全の危機どころか、公共に背を向ける「死の商人」や富裕層の私利私欲の危機を指すものなのだということが露呈してしまう。紛うかたなき「中東」化的解体コースだ。

2 「反テロ戦争」という現実

テロをそそのかし育成し操作しつつ「非常事態」を恒常化することにより、予防的な先制攻撃のグローバル「反テロ戦争」が持続されている状況を目撃しながら、しかも突出した覇権的軍事力を擁して中東における好戦的実績が証明されている米国およびイスラエルを「同盟国」あるいは提携国とする日本が、中東の破局的「泥沼」事態に目を向けるどころか、安全保障環境の変化を理由として、みずからの集団的自衛権行使を容認しようとするのは、「反テロ戦争」の現実の厳しさを弁《わきま》えていないことだ、と言わなくてはなりません。

こんにちの戦争の現実に対する想像力が問われている。「反テロ戦争」の現実だ。それは巨大で凶暴な暴力が市民生活を襲ってズタズタにする戦争である。

もちろん、第二次世界大戦までの二〇世紀の歴史においても、虐殺事件や戦略爆撃など三光（殺し尽くし焼き尽くし奪い尽くす）的・ジェノサイド（民族抹殺の集団殺戮）的事態は、すでにあまた起きていた。その極限はホロコースト（ショアー）そして広島・長崎への原爆攻撃で、これら極限の延長がパレスチナ人にとってのナクバ（迫害・殺戮・追放・離散の破局）そして核兵器の脅威におびえる冷戦として、二〇世紀後半をも覆い尽くす。

しかし、二一世紀の「反テロ戦争」は、ムスリム社会を主要標的とする切れ目のない予防戦争とそのグローバル化、テロリストを指名・育成・利用・駆動して騙しあい連携する不安定な八百長戦争、末期的欧米中心主義が世界のカオス状態を創り出しつつイスラエル国家存立のリスク管理の限界を手探りする「自己破産」プロジェクト、として、戦争の新奇な性格と形態を生み出した。戦争の民営化、組織的殺戮のハイテク化、攻撃サイドの無人化・人工知能化が、軍事会社・ドローン・殺人ロボットなどに脚光をあてる反面、イスラーム世界を含む従属地域の使い捨て傭兵への需要も新規に高まるのである。

中東から世界に市民を巻き込んで拡がる「反テロ戦争」の惨状と趨勢とを洞察することなく、「現実主義者」の振りする口舌の徒もまた、傭兵の一員なのである。東アジアの無人の島嶼をめぐる領有権紛争や、北朝鮮の軍事能力への警戒や、「後方支援」概念の確認や、自衛隊員のリスク増加の程度予想や、徴兵制の将来的可能性や、定番予想事例としてのホルムズ海峡掃海などだけを議論しているのは、視野狭窄と言わなければならない。「反テロ戦争」参加を視覚化するなら、主体的・客体的にガザの状況を思い浮かべればよい。戦争参加とは、市民全体の死活の問題なのだ。原発五四基、二万トン近くの膨大な使用済み核燃料、原爆六〇〇〇発分に相当するプルトニウム蓄積を抱える日本は、致命的脇腹を世界に曝す安全保障破綻国ともみなされる。すでに福島事故は安全保障上のネガティブ実験となってしまった。米国のプルトニウム返還要求は、安倍政権への切実な警告サインだろう。

イスラーム世界に目を凝らさない安保関連法制論議は無力である。「反テロ戦争」は、世界のイスラーム教徒の胸中に、すでに十二分の怒りを積み上げてしまっていることを忘れてはならない。

3　人類社会の倫理的再建の必要

中東から世界大に拡大されようとしている国家の解体と社会の壊滅とは、廃墟に生きるガザ、難民ボート漂う地中海、欧米のイスラーム偏見を裏付けるＩＳ、湾岸産油国の虚飾の不夜城を生み出してきた国際政治が直面する奈落です。不正義そして「人間の尊厳」否認の新ホロコーストに対して、世界中で抗議する市民の決起がはじまっています。「安保法案」の無分別な強行採決は、平和を騙《かた》る欺瞞・愚民政策を弄《ろう》する「政治」が陥った道義的破綻の世界的過程の一局面と言わなければなりません。人類社会を倫理的に再建するためには、世界的諸宗教があい交わる中東の文明的復興に期待するところ大なのです。

理性的な戦争回避・自制のすすめとそれに対応する戦争法規、そしてより根本的に多様な宗教集団相互間の安全保障にかかわる社会契約のシステムを、七世紀にイスラーム法は定めていた。戦争批判と戦争廃絶への願いとは、一八世紀末フランス革命とともに現れ、一九世紀半ばのクリミア戦争や二〇世紀初めの日露戦争という世界戦争の走りの段階から具体化し運動化してきたが、第一次世界大戦の体験が国際連盟規約（一九二〇年）次いで不戦条約（一九二八年）という国際的な戦争違法化の動きを生み、さらに第一次世界大戦の反省は国際連合憲章（一九四五年）において武力不行使の原則と集団安全保障の原理とを明確化した。日本国憲法第九条はこれらを受けとめたものである。

しかし、国連憲章起草の最終段階で、武力攻撃発生時に安保理が機能するまでの間は「個別的又は集団的自衛の固有の権利を害するものではない」が、自衛権行使にあたりとった措置を安保理に対して報告する義務がともなう、とする限定的規定の第五一条が駆け込み的に付加されたことが暗示するように、憲章第七章（平和に対する脅威、平和の破壊及び侵略行為に関する行動）〔第三九条〜第五一条〕における集団安全保障の理念とシステムとは、国連においてこれまで機能しないままとなった。だが、戦争違法化の潮流は阻止できぬもので、南極条約や非核地域の設定や非人道的兵器の禁止条約などの達成・成果ならびに実現への胎動は多様多彩である。

それだから、そのような状況下で「反テロ戦争」の名による武力行動を、しかも予防的先制攻撃として、発火させようとする動きは、いやおうなく「テロ事件」操作のような自作自演の偽旗作戦など作為的・欺瞞的な謀略・陰謀による戦争挑発に訴えなければならない。戦略家が起案し、軍産複合体・グローバル金融マフィアが応援し、巨大情報メディアが地ならしし、動員された専門家集団が部署を固め、軍情報部や特殊部隊・覆面の諜報機関とその工作員が暗躍するディープでダークな政治が、市民生活の日常性そのものにどす黒い攻撃を仕掛ける、という国家の異常な反倫理的構造体化が現象するようになったのだ。そこで編み出される「愛と平和と安全」の公式ストーリーに疑問をはさむ人間は、「テロリスト」「陰謀論者」として排除・抹殺される。

筆者は、イブラーヒーム・スース『ユダヤ人の友への手紙』の解説「ユダヤ人の友への手紙に寄せて」[*3]のなかで、こう記録した。

イスラエルの政治学者ヨシャファト・ハルカビーは、一九八八年の年末にエルサレムで筆者にたいして次のように語った。「一九三〇年代ドイツや日本が世界の孤児となって侵略に突き進んだとき、これを心配しながら見ていた世界の目が、いまは自分たちの国「イスラエル」に向けられている。……政治家は、こうなったらどうするよりほかないかは分かっているはずだ。手順を踏んで国民の考え方や気分を変えながら事態を導くのが政治家の手腕だ。しかし、問題は政治指導者の度量や見識ではない。もっとも深刻な根源的問題は、イスラエルの知的風土がユダヤ人としての創造性を失いつつあることだ。新しい状況にたいして、新しい説明と、新しい方向づけとを与えていく思想の力がインテリに枯渇してきている。それが自分たちの国の悲劇だ」と。

イスラエルの軍情報部を率いた経歴でも知られたハルカビーの言葉を、現時点で思い返すと、日本もイスラエルも世界もすっかり変わったことに深い感懐を覚える。パレスチナ人のインティファーダ発火時の故ハルカビーの思索の真摯さを生かすには、構想力の抜本的な革新が必要になったようだ。

今は嘘と騙しにまみれた政治の暗黒部の構造、その反道徳性・反人倫性をこそ打つべきときだ。主役は市民一人ひとりだ。二〇一一年、カイロのタハリール広場から発して虹のごとく現れた世界市民による新しい市民革命（筆者はこれをムワーティン〔アラビア語で「市民」の意〕革命と呼ぶ）が、今再び息を吹き返しつつある。日本でも、東京の国会議事堂の周囲をはじめ、沖縄で、鹿児島で、福島で、全国いたるところで、若者も母親も老人も立ち上がり声をあげている。それは、人間の尊厳の回復的獲得の要求であり、人類の新市民革命に向かっての着実な第一歩であるに違いない。

（中東・イスラーム研究）

〔注〕
＊1　本稿は『現代思想』二〇一五年一〇月臨時増刊号「総特集——安保法制を問う」に収録された論考をもとに、必要な範囲内で若干の加筆を行なったものである。
＊2　http://csis.org/files/publication/120810_Armitage_USJapanAlliance_Web.pdf#search='Armitage+%26+Nye+Report'
＊3　板垣雄三「ユダヤ人の友への手紙に寄せて」イブラーヒーム・スース（西永良成訳）『ユダヤ人の友への手紙』岩波書店、一九八九年、一一八～一一九頁。

第3章

中東研究者として「対テロ戦争」とグローバル化に抗する

臼杵 陽

　今、日本も中東も重大な岐路に差し掛かっている。これはほとんどの中東研究者が感じていることだろう。安倍政権による日本という国家の舵取りの危うさは、戦前回帰というある種の既視感をともなっているが、ここで改めて述べ立てる必要もないだろう。戦争法制である安保法案が強引に可決されて、いよいよ施行されることになる。一日も早く廃案に持ち込まなければ、この国のこれまでの歴史を考えてみれば、すべて成り行きまかせで何事も決せられてしまい、アメリカとともに戦争に突入してしまうという最悪の事態にいたることにもなりかねない。だからこそ、明らかに違憲である安保法制の廃止に向けて声をあげていかなければならないと思うのである。

　私自身は一九七〇年代後半の学生時代からずっとパレスチナ問題を中心に勉強をしてきた。本論においては私自身の中東体験を通して、現在の日本が直面する状況がいかに深刻な諸問題をはらんでいるかを中長期的な視座から考えてみたい。率直に言って、私はアメリカの中東への軍事的介入が日本への外圧として機能し、現在の日本の安全保障に関する議論の枠組みを作り上げたと考えている。だからこそ、中東研究者として発言する義務がある。日本という国のありようを改めて中東から考えるということでもある。

1　政治的転換期の中東での滞在経験

私は一九八〇年代半ばに二年半にわたってヨルダン・ハーシム王国の首都アンマンに、一九九〇年代に入ってから一年間エルサレムに滞在する機会を得た。ヨルダン川を隔ててその両岸からパレスチナ／イスラエルの状況を観察してきた。以来、中東地域とのかかわりは三五年以上に及ぶことになる。もちろん、この間、パレスチナ／イスラエルをめぐる政治状況は大きく変貌してきた。中東現代史を「歴史」として語るには十分すぎる年月である。この時期は戦後日本の転換点でもある。

さて、私がパレスチナにかかわり始めた頃にはパレスチナ解放運動はまだ武装闘争を続けていた。大学院進学後一九八〇年に初めてダマスクス経由でベイルートを訪れた。しかし、一九八二年六月にはイスラエル軍によるレバノン侵攻（いわゆるレバノン戦争）が勃発し、PLO（パレスチナ解放機構）はその本部をベイルートからチュニスに移した。PLOは以来、外交攻勢によるパレスチナ「解放」路線を選択した。それは同時に、委任統治期のパレスチナの全域の解放を断念し、イスラエル国家と併存するヨルダン川西岸・ガザに限定されたミニ・パレスチナ国家をめざすことを意味したのである。

この一九八二年を境にして、一九九三年のオスロ合意（パレスチナ暫定自治に関する原則宣言）への道が用意されることになり、パレスチナ解放運動は真綿で自らの首を絞めるかのように逆に徐々に困難な方向へと向かい始めた。同時期、パレスチナという紛争の地のみならず、ペルシア（アラブ）湾岸地域の情勢が、二一世紀の中東情勢を規定することになった。それは一九七九年のイラン・イスラーム革命の成功であり、翌年のイラン・イラク戦争の勃発、さらに七九年末のソ連によるアフガニスタン侵攻だった。ソ連によるアフガニスタンへの侵攻はアメリカにとってのベトナム戦争と同じであった。すなわち、ソ連はその後、崩壊への道をたどることになったからである。

冷戦終焉の文脈での中東地域の出来事としては、一九九〇年八月にイラクがクウェートを侵攻し（いわゆる湾岸危機）、続けて一九九一年一月に湾岸戦争が勃発したことがある。この戦争勃発前、私はエルサレムに滞在していたが、危機が発生した後は子どもがまだ小さかったということもあり、エジプトのカイロに一か月半近く避難した。戦争の勃発のニュースはカイロでＢＢＣか何かのラジオ放送で聞いた。戦闘自体は三月には終結し、雷雨のなか、空路でカイロからエルサレムに戻った。イスラエルの街ではそれ以前はあまり見かけなかった日本車が徐々にあふれ始めた。米ソ冷戦終焉後の新自由主義的政策の推進のもとで、日本とイスラエルとの貿易関係が強化されつつあったのである。

米ソ冷戦と湾岸戦争の終結をもって、アメリカ主導の中東和平交渉が急速に動き始めた。冷戦終焉後のアメリカによる一極支配は「新世界秩序」だと喧伝された。この時期から日本の立ち位置が国際社会で微妙になってきた。湾岸戦争における日本の「ただ乗り」論の登場である。日本はカネだけ出して、口も出さず、「血」も流さなかったことが国際社会での悪評につながった。以来、日本では何が何でも「国際貢献だ」と声高に叫ばれ始めた。

それまでは日本外交も、日米関係、中東を含むアジア外交、国連外交、といった三本柱でそれなりにバランスのとれたものがあった。しかし、一九九〇年代以降、日本外交は急速に日米同盟偏重路線に傾き始め、他の選択肢が排除されていった。現在の対米追従外交の原型ができあがったのである。二一世紀に入って起こった9・11事件、いわゆる「ニューヨーク・ワシントン同時多発テロ」以降、それが補給という名目であれ、小泉政権下の日本が行なった自衛隊のインド洋への派遣は象徴的な転換点であった。同時に、このような日本の安全保障政策のなし崩し的な転換に追従しつつ、むしろその転換を学問上正当化する「ネオ・オリエンタリスト」的潮流が論壇の中心に躍り出た。[*1]

一九九〇年代以降の対米追従路線を正当化する中東研究のありようは、戦前の「鬼畜米英」的な大東亜共栄圏への翼賛的追従と写し鏡のように既視感をともなう。というのも、「政策への貢献」という名目のもとに、軍部独走で際限なく拡大する戦線を追認する政策遂行型の戦略研究を研究者が率先して行なった、かつての戦争協力の問題があるからである。当時、戦争が既定路線になっていたため、その流れに抗することもできず、イスラーム（回教）研究は中国大陸侵略の道具になった。

とりわけ、中国において一九三六年に国共合作が抗日民族統一戦線というかたちで実現すると、日本は日中戦争を遂行するために国共の統一戦線を分断すべく中国国内のイスラーム勢力を利用しようとしたのである。日中戦争勃発の翌年の一九三八年には戦争遂行のためいくつかのイスラーム研究所が設立され、イスラーム関係の雑誌も発行されることになった。さらに、太平洋戦争勃発後は研究者はインドネシアやマレーといった占領地のムスリム統治にも動員された。たとえば、比較的リベラルな雰囲気を残していた大久保幸次所長の回教圏研究所においてイスラーム研究を行なっていた野原四郎のような良心的な研究者であっても戦時下では国策に迎合せざるをえなかった。野原は次のように述べる。「わが国の当面する、回教徒問題に対する態度は、これを国策の根本から割り出さねばならないと信ずる。……これまでの植民地支配は、窮極において、原住民の生活向上を抑圧することによつて成立していた。しかるに、わが国は反対にかれらの生活向上を促進させ、各々その所を得し《ママ》めることによつて、わが国の指導的地位を確立強化しうるし、しつゝある」[*2]。現在に引きつければ、「安保法制」によって日本が戦争に巻き込まれることになると、そのときは言論統制などで反対の声をあげるにはもう手遅れなのである。

2　アメリカの「対テロ戦争」とグローバル化に翻弄される日本

さて、日本の海外派兵の話に戻る。一九九一年、自衛隊は戦後初めて掃海部隊をペルシア湾に派遣することになる。さらに二〇〇三年のイラク戦争のときにイラクのサマーワに自衛隊が派遣された。

自衛隊のイラク派兵の名目は、兵站、すなわち救難、輸送、土木工事などの後方支援であった。これが悪しき前例となった。海外で活動する日本人の安全は保障されなくなったのである。

二〇〇四年には、バックパッカーの日本人青年がザルカーウィーの率いるイラク・アル・カーイダに捕捉されて自衛隊の撤退を要求された。そのとき、小泉政権はテロリストの要求を拒絶し、日本人の人質は斬首された。同じことが二〇一五年一月にも繰り返され、後藤健二・湯川遥菜の二人の日本人がISに斬首されたのである。

もちろん、日本の安全保障に関して考えなくてはならないのは9・11事件後の「対テロ戦争」である。湾岸戦争以降の中東地域でのテロの拡散は当然ながら、「対テロ戦争」の帰結でもある。このようなテロの拡散をグローバル・ジハードと言って「警告」するのもよかろう。しかし、そのグローバル・ジハードという現象そのものが、米ソ冷戦終焉後のアメリカ一極集中の「新世界秩序」が生み出した必然的な事態だった。言い換えれば、このような事態は、ニクソン・ショックによるブレトンウッズ体制の崩壊後、世界の国々が新自由主義へと突き進んでいき、構造改革の名のもとに進められた、秩序なきグローバリゼーション（グローバル化）の帰結でもあった。われわれはグローバル・ジハードにいわば新自由主義政策の陰画を見ているのである。残念ながら、そのことを指摘する人があまりにも少なすぎるように思えるので、ここであえて強調しておきたい。

「対テロ戦争」を遂行する国々は、グローバリゼーションという国境を越えた経済現象のもとで、それを受け入れない反グローバリズム運動を展開する人びとを「文明／野蛮」の乱暴な二分法に流し込み、そのうえ、「敵／味方」関係を重ね合わせて、「正義／悪」の二項対立までも動員して排斥するという手の込みようなのである。ここでの野蛮や悪は今や「テロリスト」という名前で断罪される。あるいはこのようなテロリストの役回りはイスラームが引き受けさせられることになり、ジハードをもってテロリストの代名詞とするような雰囲気が醸成されてしまったのである。

だからこそ、ベンジャミン・バーバー『ジハード対マックワールド――市民社会の夢は終わったのか』（三田出版会、一九九七年）といった著作が、9・11事件を予言し、民主社会を破壊するテロリズムというキャンペーンのもとで当時ベストセラーになったのである。もちろん、著作を著した政治学者としてのバーバーの意図とは関係なく、この二項対立的世界観が人びとの世界認識に色濃く反映されてしまうことになる。このような二項対立的世界観は一方でネオリベラリズムを世界的趨勢として自明のものとして受け入れると同時に、ネット時代において情報、カネ、モノが瞬時に国境を超えてしまうグローバル金融資本のもとにあっては、むしろ逆にナショナリズム的な情動が人びとの行動を規定することになってしまうという皮肉がある。

このようなグローバル化とローカル化が同時に起こる現象をグローカル化と呼ぶとするならば、このグローカルな状況のなかで、「国民国家」という枠内では貧富の格差が拡大し、持たざる人あるいはグローバリゼーションの恩恵を被ることのできない「負け組」の人びとは、ナショナリズムに動員されながら排外的になっていき、他方で、その恩恵を被り過分な配当を受けている「勝ち組」の人びとは国境を越えてグローバルに事業を展開して、バブルの分け前と言ってもいい「濡れ手に粟」的な膨大な儲けをいっそう享受するという経済的格差を拡大再生産するシステムが駆動することになる。

さらに、このネオリベラリズムの恐さは、多国籍企業と呼ばれる巨大な経済組織をもち、その巨大組織が崩壊してしまうと国民経済を破綻させてしまうような影響力をもつがゆえに、国家が勝ち組を保護するシステムまでも作り上げたことである。すなわち、勝ち組が損益を生じた場合にそれぞれの国民から吸い上げた税金を湯水のごとくつぎ込んでその特定の人びとの利益を保障するような不公平システムが世界大に広がってしまっている。アメリカの事例を考えると、二〇〇三年のイラク戦争のとき、アメリカ社会で生活に行き詰まった「負け組」の若者たちが州兵として民間軍事会社に動員され、イラクで殺されていった。戦争での一人ひとりの生死までもが、グローバル化された官軍産の複合体にその命運を預けざるをえないという深刻な事態になっているのである。

中東におけるアメリカの同盟国イスラエルはそのようなグローバル・システムのなかの「勝ち組」と言ってもよく、今や安倍政権は中東における一人勝ちのイスラエルと手を結んで、世界大に広がるネオリベラリズム的潮流の「優等生」として国際社会を生き延びようとしている。そんなときに日本の世論の主流であるかのように聞こえてくる大合唱が「日本の常識は世界の非常識」というネオリベラリズム的主流派の潮流を褒め称える意見である。安全保障という名のもとで軍事産業の成長が日本経済の成長を約束するかのような議論がまかり通ることになってしまうのである。

世界の主流になっているこのようなネオリベラリズム的流れに日本において抗うことはきわめて困難なことである。しかし、このような世界システムにおける不正義が古典的な意味でのレッセフェール的な自由競争原理に基づいて放任されていいはずがない。私自身、パレスチナ人たちの困難な闘いに寄り添いながら痛感したことは、弱肉強食的な自然淘汰の野蛮な状態を黙認していいのか、という素朴な憤りの気持ちなのである。

3　第一次グローバル化と現在の第二次グローバル化の相似性

社会進化論や人種論を最大限に援用して強者の弱者支配を正当化したのは、一九世紀末から二〇世紀初頭の歴史学的な意味での「帝国主義の時代」であった。一九世紀資本主義が創り上げた帝国主義の時代は、B・アンダーソンの指摘をまつまでもなく、第一次グローバル化の時代だったからである。ヨーロッパ的意味でのユダヤ人ナショナリズムであるシオニズムもそんな時代に反ユダヤ主義（反セミティズム）という人種主義への対応として生まれた。だからこそ、シオニズムは一九世紀における資本主義と植民地主義のインターフェイス的な機能を果たしてきた。一方で「文明化の使命」という崇高なミッションをともないつつ、他方でユダヤ人問題というヨーロッパ的問題の未解決の責任をパレスチナに委譲して反ユダヤ主義の解決をパレスチナという地に転化し、その結果、犠牲となったのがパレスチナに住むアラブ人だったのである。

一九世紀の第一次グローバル化の時代は、蒸気船の就航から電信・電話の普及、といったようにまさに技術革新の時代であり、英仏に代表される欧米帝国主義国に主導されて地球は一方的に一体化されていった。同時に、帝国主義の時代はグローバルな経済体制の必然的な結果として世界的な恐慌を循環的に惹起することになった。今、われわれは第二次グローバル化の時代を生きていると指摘する識者も多くいる。一九二九年の世界恐慌に帰結した第一次グローバル化の再来と言っていい、二〇〇八年のリーマン・ショックは、われわれが世界史の帰趨を考えるときに貴重な「歴史の教訓」となっているのである。

一九九〇年代以降、SNSという新たな技術革新は軍事面にも応用されて、軍事的な革命（RMA）などというような、戦争という人類の究極の悲劇的な形態である出来事の新たな時代相を生み出している。RMA時代はソ連が作り出し、アメリカが実用化し、イスラエルが実践したと言われるくらいに皮肉な軍事技術革新である。今、そんなイスラエルと日本は軍事技術の協力関係を強化し始めている。

日本がバブル景気だったときには私はヨルダンに滞在しており、バブル経済の実感はまったくない。バブル経済が崩壊した日本に帰国したら「失われた一〇年」などと言われ始め、さらに追い打ちをかけるように小泉構造改革のダメ押しで「失われた二〇年」になった。当時の日本社会はリーマン・ショックの前哨戦とも言っていい「経済戦争」を戦ったわけだが、結果的に日本国民は長いトンネルを潜り抜けて第二次安倍政権という最悪の選択肢を選んだ。その帰結がアベノミクスと二〇一五年の戦争法制である。別に歴史を詳しく知らなくとも、既視感がともなってしまうのも当然である。

思い返せば、安倍政権は国会でほとんど審議しないままに二〇一五年にはソマリア沖海賊の対策部隊派遣の一環として、自衛官を多国籍部隊の司令官として派遣した。「アフリカの角」と称される地域はムスリムの海である。「海賊」という言葉は便利がいいもので、ソマリアの人びとがムスリムであることは表層的には捨象されてしまうものの、深層的レベルでは海賊＝ムスリムという名のテロリストにすり替わってしまう。このような世論形成を含めた情報操作を改めて振り返ってみれば、一九九〇年代以降に日本の舵取りを誤らせて、あるべき針路から外れたのは、主体性のない対米追従政策のためだったと言える。

当然ながら、一九九〇年以降のアメリカの世界戦略は中東政策を基軸に築き上げられてきた。もっと長く時期を設定すれば、一九七九年のイラン・イスラーム革命以降、アメリカは共産主義とイスラームという名の「妖怪」に翻弄されてきて、反共のための親イスラームとイランに対する反イスラームといったダブルスタンダードのなかで右往左往して、冷戦終焉後には9・11に行き着くことになった。その後は、アル・カーイダに振り回されてグローバル・ジハードに対する「対テロ戦争」という完遂不可能な戦いを遂行し、その挙句が二〇〇三年のイラク戦争という泥沼的事態であった。ネオコンと称する連中が推進し、ネオリベラリズムの究極の形態として、アメリカ軍自体が「民営化」されて遂行された戦争でもあったことは先に述べた。その帰結がイラクの国家破綻であり、そしてその挙句、「イスラーム国」を誕生させてしまうのである。

今、日本はアメリカという泥船と運命をともにし、沈没しつつあると感じるのは私だけだろうか。安保法制は立憲主義にもとり違憲という断罪以上に、日本の命運をアメリカという国に託すという選択は疑問である。私個人は一人の国民として、有権者として、そして中東研究者としてそのような選択に与したくないのである。

［注］

＊1　この点については拙論「日米における中東地域研究の危機——九・一一事件後における新たな潮流」『地域研究』七巻一号（二〇〇五年六月）を参照されたい（ネット上でｐｄｆ版として公開されている）。

＊2　野原四郎「回教徒問題について」『回教圏』七巻四号（一九四三年）二～三頁（旧字体は新字体に改めた）。

（日本女子大学教授／中東地域研究）

第4章

イスラエル化する日本社会

「戦争」と「民主主義」のゆくえ

田浪 亜央江

1 なぜ日本の「イスラエル化」なのか

筆者は、二〇〇〇年代以降の日本社会で顕著になってきた治安管理強化や「安全・安心社会」といったキャンペーンの登場、ナショナリズムや排外主義の高まりについて、日本社会の「イスラエル化」という観点から注目してきた。とりわけ第二次安倍政権成立以降は、特定秘密保護法の成立、政権のマスコミ介入、原発再稼動、大企業の利益向上を重視し格差を容認する経済政策、そして安保法制と、民主主義を軽んじた政治主導での右派転換が進むなか、同時にイスラエルと日本の協力関係が急速に進んでいることを懸念している（日本とイスラエルの協力関係の詳細については、本書第13章）。

イスラエルは中東随一の軍事大国であるばかりでなく、男女ともに長期間の徴兵を行なう制度をもち、一九六七年以降は広大な占領地を維持するなかで、その社会全体に軍隊の影響が及ぶ国である。他方、日本は一九九一年の湾岸戦争を契機に、それまで専守防衛をもって容認されてきた自衛隊の海外派兵を実現し、特措法に基づいたペルシア湾岸やイラクなどへの派兵のほか、ゴラン高原へはＰＫ

O活動として一七年間にわたって派兵を続けた。日本社会のイスラエル化は、こうした海外派兵の常態化のなかでこそ起こっている。

むろん日本は今のところイスラエルのような核兵器保有国ではないし[*1]、戦後の日本は少なくともイスラエルのように近隣諸国と戦争を繰り返したりはしていない。したがってイスラエル化とはなんとも物騒な表現に聞こえるかもしれない。しかし近年の日本の政策に批判的な人びとが、たとえば「戦争国家化」「戦争のできる国づくり」などと呼ぶことだけでは十分見えてこない社会の多方面での現象が、イスラエル社会を参照することで捉えられるのではないだろうか。

そもそも歴史を振り返れば、両国の間には類似点がある。朝鮮半島をはじめアジアの広大な領域を植民地支配した歴史に十分に向き合ってこなかった日本と、パレスチナ人を難民化しながら建国した歴史について自国に都合の良い解釈を行なってきたイスラエル。日本が近代国家として成立してゆく過程で暴力的に取り込んだエスニック・マイノリティへの差別的支配のあり方、アメリカとの関係を頼りにアジアで浮き上がった構図についても、中東におけるイスラエルと重ねられよう。

湾岸戦争、アノガニスタン戦争やイラク戦争、目下の「イスラーム国」への空爆作戦など、冷戦終結後、中東を舞台にしながら米国を中心にして行なわれてきた戦争のいずれもが、イスラエルという国の本質的問題を見えなくさせ、むしろ「対テロ戦争」を先駆けて行なってきたという「実績」によってその立場を優位なものとさせている。こうした出来事のたびに自衛隊の武力行使の範囲拡大に弾みをつけてきた日本が、特に安倍政権下でイスラエルと急接近していることは、決して偶然ではあるまい。

二〇一五年一月一九日、イスラエルを訪問した安倍首相を前にして行なったスピーチで、ネタニヤフ首相は両国の「類似性」に言及している。前年五月の自身の日本訪問に触れながら、独自の伝統や文化を守りつつも新たな発展やテクノロジーに対して意欲的な日本の姿は「われわれの経験やありようと、とても似ている」と述べ、日本とイスラエルがともに「平和を愛する民主国家」でありながら、「近隣のならず者国家」イランと北朝鮮の脅威に直面している、と指摘したのである。

イスラエルの首相が「伝統をもち、平和志向の民主主義国家」といった表現で日本とイスラエルの共通点に言及したのはネタニヤフが初めてではない。しかしそこから共通の脅威として北朝鮮とイランを名指しし、手段を問わぬ対応の必要性を訴えるという内容は、これまでよりも踏み込んだものだ。ネタニヤフは、国際社会に向けてイスラエルがその安全保障概念を主張するための手段として、日本とイスラエルの「類似性」を利用してみせたのである。

2 「安全・安心社会」のイスラエル化？

そもそも他国との間に「類似性」を見出そうとするのは、イスラエル国家の性癖なのかもしれない。

パレスチナ人の追放によって建国され、強大な軍事力のもとに占領を続けるという無理のうえに成り立ち、たび重なる戦争によって国際的にも孤立したイスラエルは、自国に似た国を見つけ出して味方とする、あるいはそれを作り出そうとする努力をつねに行なってきた。南アフリカ共和国、シンガポール、レバノンなどがそのターゲットとなったが、そうした努力はほとんど実を結ばなかったか、一時的なもので終わった。

そこでイスラエルは、アラブ諸国やパレスチナとの関係において自国はむしろ被害者側なのだというロジックで自国のあり方を正当化し、またその文化や社会の優れた側面を宣伝することで、イスラエルの擁護者や支持者を増やす戦略に活路を見出そうとしてきた。「ハスバラー」(文字どおりの意味は「説明すること」)という概念が八〇年代頃から唱えられ始め、現在ではイスラエルの広報外交戦略を示す言葉として定着している。

二〇一〇年に刊行された『スタートアップ・ネイション』という書籍は、ビジネス書として「ハスバラー」を実践した好例である。[*2] 本書ではイスラエルの優れたイノベーションの事例の数々が紹介され、イスラエル発のいわゆるベンチャービジネスが急成長した背景について、主に米国の読者を意識して描かれている。実践/実戦を通して革新されるセキュリティ技術と多分野に適用可能な軍のエリート教育、軍隊でのネットワークがその後のビジネス展開に大きくかかわることなど、軍と民間の境界線が存在しないイスラエル社会のあり方が、いかにビジネスにとって「強み」であるかがわかる。

逆に言えば、イスラエル発の技術とは、軍事にどっぷり浸かった環境のなかで生まれたものなのだ。他方で同書がいっさい触れていないのは、占領地のパレスチナ人の労働力を安く利用し、占領地を市場化してきたことがいかにイスラエル経済の成長とかかわっているか、イスラエルのセキュリティ技術の向上の裏でどれだけパレスチナ社会が犠牲になり、パレスチナ人の人権が抑圧されてきたのかという側面だ。イスラエル社会とは本来まったく異なるはずの日本社会に、こうしたプロセスを経て培われたイスラエルの技術が移入されれば、それは「たんなる」技術の移入にとどまらない問題を生み出すことだろう。

9・11以降の「対テロ」対策の国際的なスタンダード化のなかで、イスラエルは世界中でセキュリティ市場を一気に拡大させてきた。9・11後、初の夏季オリンピックとなったアテネ五輪、二〇一二年のロンドン五輪、二〇一四年のFIFAワールドカップなどで、イスラエルのセキュリティ産業はシェアやコミットの度合いを高めてきた。二〇一六年のリオデジャネイロ五輪に関しては、国内外でのイスラエル・ボイコット運動の働きかけの結果、開催国ブラジルは、一度成立していた二二億ドルにのぼるイスラエル企業との契約を破棄した。したがって、二〇二〇年に予定される東京オリンピックで巻き返しを狙うはずのイスラエルに対する日本の姿勢については、国内外から厳しく注視されることになるだろう。

9・11を境に、日本社会では「安全・安心」キャンペーンの声が大きく聞こえるようになった。住民や自治体にパトロールや防犯カメラの設置などの防犯活動を要求する「生活安全条例」と総称される条例が、全国の自治体で急ピッチで制定されるようになり、未制定の自治体は今や少数派である。筆者の住む地域では、いつしか「巡回パトロール中」の自治体の車と頻繁に遭遇するようになり、日常生活のなかで保護者がボランティアで行なう取り組みとして「安全・安心パトロール中」と書かれたプレートを自転車の前かごにつけて移動している姿がやたらと目立つようになった。しかし、こうした取り組みによって以前よりも「安全・安心」な社会をつくれているという実感をもつ市民は少ないのではないか。効果のほどなど実証しえない非効率な活動にわざわざ「自発的に」参加させられることで、住民が警察の目でもって地域社会を見回し、相互に監視し合う。こうした窮屈な社会への変化だけが、急速に広まっているのではないだろうか。

とはいえ横並びで均質であることを求めながら「不審者」や「野宿者」を排除する日本の「安全・安心」社会には、表面的に合わせてさえいればよしとされる逃げ道が、まだしも残されている。ここにイスラエルの創意やユニークさを身上とする技術やノウハウ、セキュリティ思想が移入されてゆく事態を現実のものとして想定しなければならない段階が、そこまで来ているのだ。

3 「心のケア」の「イスラエル化」

日本の社会に、イスラエルの技術や思想、文化が入り込む事態を想像するなどとは、唐突な話に聞こえるかもしれない。しかし3・11の地震と津波、そしてそれによって引き起こされた原発事故の後、日本が唯一受け入れた医療部隊はＩＤＦ（イスラエル国防軍）が派遣したものだった。またこの過程で、核開発を通して蓄積されてきたイスラエルの核セキュリティ技術が、福島原発のセキュリティシステムにすでに導入されていたということも、断片的にではあるがわかってきた。[*3]

ＩＤＦの医療部隊はすでに撤収しているが、イスラエルのＮＧＯによる、ＰＴＳＤ（心的外傷後ストレス障害）に対処するノウハウの提供などは現在まで続いている。特に目立つのは、二〇〇一年からフィリピンやハイチなどで災害復興支援を行なっている「イスラエイド（IsraAid）」で、当初は宮城県亘理町《わたり》で「ＰＴＳＤ防止のためのセラピー」を開き、定期的に公開のワークショップなどを行なっていた。二〇一三年には長期的な支援を行なう社団法人を設立し、音楽セラピーなどのワークショップや次世代リーダー育成のためのプログラムなどを手がけている。正面に出てくることはあまりないが、「紛争にさらされてきたイスラエル（テロという言葉は多くの場合、注意深くも選ばれない）」でのトラウマ対応の手法が活かされている、ということになっている。

イスラエルが「紛争にさらされてきた」背景、イスラエルの軍事力こそが多くの身体的・精神的な外傷の被害者（そのほとんどはパレスチナ人）を生み出していることなどがいっさい捨象され、そもそも被害の質も社会的な背景もまったく異なる現場にノウハウだけが移植されることについては、その政治的な意味が問われなくてはなるまい。そもそも「心のケア」と呼ばれるものが、「専門家派遣」というやり方、つまり問題への対処を外部のプロに委ねてしまうこと自体の問題に加え、イスラエルのノウハウの場合、PTSDを示した人に寄り添うこと以上に、まずPTSDを起こさないこと、つまり「予防」重視であり、そのためにコミュニティの協力体制とリーダーシップの育成、危機の瞬間に判断できる主体を育てるといった、いわば「強さの育成」に特徴があると筆者は考えている。

震災後五年を経て、最近日本でも急速に普及している「リジリエンス（resilience）」概念は、まさにこれにあてはまる。これは非常事態が起きてもコミュニティがすみやかに安定を取り戻す回復力を指し、災害が起こったり疫病が広がったりした社会の経験と並び、テロによる被害を受けたケースの「リジリエンス戦略」も参照されている。イスラエルの研究者が被災地で聞き取りを行ない、彼らのもつ従来のアプローチに照らし合わせた研究も発表され始めた。つまり「イスラエル化」は、テロ対策のためのセキュリティ技術といったわかりやすい分野だけではなく、災害やテロに負けない「心」の育成やコミュニティづくりといったメンタルな分野にまで及んでおり、よくわからないまま社会のなかで受け入れられようとしている、ということを言いたいのである。いや、対テロ戦争の時代の進行とともに、個人の「心」のあり方までがテロに対処できるものであることがすでに期待されている、と言い換えるべきかもしれない。

再度ここでも強調したいのは、イスラエルのノウハウは軍事／非軍事の境界なく蓄積され、活用されてきたものだということであり、メンタルケアの分野でもそれが言える。しかしなぜそれが問題なのか、すでに日本でも伝わりにくくなっている。もはやこの社会も、相当に軍事化しているからだ。近年防衛省の主導で、大学や研究機関が軍事研究へと急速に取り込まれていること、防衛装備移転三原則の決定により、日本製の武器の輸出が堂々となされるようになったことなどは周知のとおりであるが、そうしたものとまったく無関係だと思われる「普通の市民」の日常のなかに、軍隊の存在や発想が「自然」に入り込みつつある（たまたま最近、『自衛隊メンタル教官が教える　心の疲れをとる技術』［二〇一三年］という新書が堂々と朝日新聞出版から出され、気軽に手に取れるストレス対策本と違和感なく並んでいるのに気づいたが、そうした事例は、少し探せばいくらでもあるはずだ）。

安保法制をめぐる議論によって徴兵制についても言及されることが増えた。しかしあからさまな徴兵制復活への懸念だけでは、「戦争がハイテク化した現在、徴兵制は不要」といった議論にすりかえられてしまう。「人材の相互活用」の名目で企業から自衛隊に派遣されるプログラムが防衛省内で立案されていたことがすでに明らかになっているが、軍（自衛隊）が教育機関であり、そこで得た経験・技術がビジネスに生かされ社会全体に還元されるとは、まさにイスラエル社会のあり方である。

安保法制が成立し、中東における集団的自衛権の行使の可能性が高まるなかで、「日本もテロのターゲットとなる」という声が出ている。もっともな懸念ではあるが、それ以上に恐ろしいのは、安保法制によってビジネス、教育、医療、アートなど社会のさまざまな領域での軍事化がますます進展することであり、しかもそれが抵抗なく、自然に受け入れられてゆくことである。軍事的な発想で統制された社会は、市民が権力者の欲望に従属させられた、民主主義とはほど遠い社会とならざるをえない。入植地によってパレスチナ社会を侵食し、やがては覆い尽くそうとしつつあるイスラエルの動きを眺め、じりじりとした焦燥感を抱きながら、日本に暮らす私たちにも残された時間は少ないことを同時に思わずにはいられない。

（中東地域研究・パレスチナ文化研究）

［注］

＊1　イスラエルは核兵器の保有を対外的には否定も肯定もしていないが、核保有の事実はさまざまな情報から明らかであり、国内では核保有を前提とした議論が公然となされている。

＊2　Senor Dan and Singer, Saul, *Start-up Nation: The Story of Israel's Economic Miracle*, Grand Central Publishing, 2011. 『アップル、グーグル、マイクロソフトはなぜ、イスラエル企業を欲しがるのか？』（ダイヤモンド社、二〇一二年）と題した日本語訳が刊行されている。なお同書を「ハスバラー」と関連づけたのは、Max Blumenthal の指摘による（*Goliath Life and Loathing in Greater Israel*, Nation Books, 2013）。

＊3　イスラエルのマグナー社が、テロ防止のための監視システムを福島第一原発に供給していたという問題。『ハアレツ』紙が二〇一一年三月一八日に報じた。

第5章

大悪魔のゆくえ

社会不安と敵愾心の醸成

山岸 智子

1 革命後の社会不安が「大悪魔」イメージを要請した

イランでは一九七九年二月一一日にパフラヴィー王政が倒され、四月一日の国民投票によって「イラン・イスラーム共和国」が誕生した。そこで新しく導入されたイスラーム共和政というシステムは、こんにちにいたるまで国際的に十分な理解を得ているとは言いがたい。近代化が順調に進んでいると思われたイランで王権が倒れ、ターバンを巻いて法衣をまとったイスラーム法学者が最高指導者となって「法学者の統治」を行なうのは、しばしば、中世への逆戻り、危険なイスラーム原理主義、そして学問的には権威主義体制とみなされてきた。

革命の熱に駆られたイランの若者たちは「革命を輸出する」と意気ごみ、一部の学生たちは「スパイの巣」だとしてテヘランのアメリカ大使館占拠事件を起こした。そしてこれを機にアメリカは、一九八〇年四月イランと国交を断絶する。イラン・イスラーム共和国はまた、「東でもない、西でもない」というスローガンのもとでソ連とも国交を断絶し、植民地主義的だとして西欧諸国を非難し、腐った王権として湾岸アラブ諸国も糾弾した。こうした対外関係を悪化させるプロセスの進行と同時に、イラン国内では、「国王に死を」という革命のスローガンが、「アメリカに死を」に置き換わった。革命後のカオスと権力闘争のなかで不安を抱いた人びとに対して、諸悪の根源はアメリカにあると説く勢力が優位になり、アメリカは「大悪魔」と位置づけられたのである。[*1]

一九八〇年から八年以上も続いたイラン・イラク戦争期には、経済的にも思想的にも厳しい統制が行なわれ、「イマームの路線」（最高指導者ホメイニー師の政見）に反する行為は、取り締まりの対象となり、時には過酷な処罰が下された。欧米では、イランはイスラームによって国民の自由が奪われる顕著な例とみなされ、アメリカを中心とする西欧諸国にとって不倶戴天の敵（Arch-enemy）であるとのイメージが確立した。別の言い方をすれば、イランは日本や欧米諸国が言うところの「国際社会」における「敵役」と位置づけられたのである。

そうしたイランの状況に幻滅したイラン人たちは、あらゆる機会を利用して国外に出るようになり、今や在外イラン人の数は四〇〇万人とも言われる。なお、イラン・イラク戦争による犠牲者は、イラン、イラク両国で一〇〇万人ほどと言われており、現在でもなお、戦死した兵士の遺体がイランに搬送されてくる。そして、イランで「強いられた戦争」あるいは「聖なる防衛」と呼ばれるこの戦争の記憶は、その痛みの生々しさが薄れるなかで、国民的なアイデンティティ構築の一つの足場を提供するようになっている。

2　戦争回避への舵を切るイラン

イラン・イラク戦争後のイランは、国民がより活発に政治参加・選挙参加をするようになり、その道程は曲がりくねってはいても、戦争をしない国へと、着実に進んでいると評価できるだろう。ラフサンジャーニー大統領（一九八九～九七年）のもとでは、イランは戦後復興をめざし、断交していた諸外国との国交を回復した（ただし、アメリカ、エジプトは除く）。

一九九七年の大統領選挙におけるハータミー師の当選は、国際的な関心を集めた。ヨーロッパで学位をとり、法の支配による公正な政治を訴え、「文明間対話」を提唱するハータミー師に勝利をもたらしたのは、イランの若年層や女性たちによる活発なキャンペーン活動と彼ら／彼女らの票であった。改革派とみなされる指導者や議員たちが政治の舞台に登場したのは、恐ろしい神権国家としてしかイランを見ていない人びとにとって、想像をはるかに超えることだった（中東研究者一般や、イラン研究者ですらも、改革派が選挙で勝利するとは予見できなかった）。

ハータミー政権（一九九七～二〇〇五年）の対外協調的な姿勢は、9・11同時多発テロ事件後、イランが「悪の枢軸」の一角とみなされたことへの反発もあり、次の政権には引き継がれなかった。アフガニスタンに引き続いてイラクも、大量破壊兵器保有の疑いを受けて、悲惨な破壊と殺戮の場となり、それを間近に感じていたイラン国民は次に攻撃されるのは自分たちである可能性を意識しないわけにはいかなかった。そこで、強い態度で外国を退けるとのショーヴィニスティックな言辞を繰り出すアフマディーネジャードが大統領に選ばれたのである。そして彼の舌禍は、核開発疑惑を理由とする、イランに対する経済制裁をもたらした。

二〇〇九年の大統領選挙では、アフマディーネジャードが再選されたと公表されたが、開票に際して不正があった、と反発する人びとの抗議活動は、半年以上にもわたって断続的にデモを繰り返し広範な社会運動へと展開した。対抗候補ムーサヴィーのキャンペーンカラーである緑のリボンなどを身に着けた若者たちが運動の中心で目立っていたが、社会背景の異なるさまざまな階層や年齢層の人びとも参加していったことが観察されている。この「緑の運動（Jonbeshe-e Sabz）」と称される抗議運動は、ツイッターやフェイスブックによる情報拡散とYouTubeにアップロードされる動画が運動を勢いづかせた点において、のちの「アラブの春」の先駆けであったとも評価される。とはいえ、アフマディーネジャード政権側は、民兵の動員と厳しい報道管制、そしてデモの指導者たちの逮捕でもってその動きに応酬し、力づくで運動を沈静化させた。

この苦い経験は、「強硬派」にも、「改革派」にも、教訓を残したものと思われる。というのは、二〇一三年の大統領選挙では、開票結果が公正なものであると主張できるように、政府側も開票結果の開示には気を遣い、改革派側も中道派のロウハーニー師を選ぶことで、衝突を回避したからである。

大統領に就任したロウハーニー師は、ダーイシュ（イラクとシャーム〔歴史的シリア〕におけるイスラーム国、ＩＳ）封じ込めを必要とする国際情勢を利用して、長く続いた核開発の交渉に一定の区切りをつけ、経済制裁解除の希望を国民にもたらすことに成功している。

むろん、イラン国外で、イランが秘密裏に核兵器を開発しているのではないかという疑いが完全に拭い去られたわけではなく、イラン国内でも、「西洋」に友好的になることに抵抗する勢力がにわかに力を失ったわけではない。しかし、戦争よりも、経済制裁の解除による産業振興のほうに多くのイラン国民は目を向けている、と見て間違いはないだろう。

3 「安全保障」が招く危険

およそ民主的でないと思われているイランで、政治勢力の衝突や戦争を回避して経済活動を活発化させようという国民の意思が政治を動かそうとしているのとは対照的に、日本は「戦争のできる国」へと歩を進めているように見える。二〇一三年には特定秘密保護法が可決され、二〇一五年には安保法制（いわゆる「戦争法案」）が可決された。さらに安倍政権は憲法改正をもくろんでいると言われる。

「戦争のできる国」へと進もうとしているのはなぜなのだろう？　いったい誰と戦争をすることが想定されているのだろう？　どうやら「緊急事態」なるものが起こりそうだとの漠然とした不安がそ

の背景にはあるようだ。南シナ海の領海問題、北朝鮮の核開発問題は確かに日本にとって好ましいことではない。しかし、それが全面的な戦争になる可能性はいかほどのものなのか、外交努力では解決不能なのか、筆者は納得できる説明を聞いたことがない。「戦争法案」に賛成する声をメディアで聞いていると、近隣諸国との緊張に加えて「テロの恐怖」が重なっていることに気づく。ダーイシュによって日本人が痛ましくも殺される様子を映した動画や、シリア内戦についての報道、パリでのテロによって強調される「イスラームは危ない」との言説が、自分たちの安全が脅かされている、という大雑把なイメージに結びついているようだ。

二〇一五年七月、「戦争法案」が衆議院で強行採決された直後、海上自衛隊は米海軍と共同で行なっている機雷除去訓練を報道陣に公開し、ホルムズ海峡が封鎖されないための作戦に加わる用意があることを見せつけた。しかしながら、上記のとおり、イランでは経済制裁の解除後は、むしろ経済・産業振興を期待する声が大きく、戦争やホルムズ海峡の封鎖によって収入や人材を失うリスクを冒す方向に向かうとは考えにくい。

この数か月はリウジアラビアとイランの対立がメディアで強調されることも多く、二〇一六年一月テヘランのサウジアラビア大使館が焼き討ちにあった映像が世界を駆けめぐった。その後のイラン系のネット情報を見ていると、犯人は早々に逮捕されているし、最高指導者ハーメネイー師がかつて「大使館に近づき暴力的なことをしないように」と説諭した見解を大きく変えた様子もない（こうしたイランの動きについては、なぜかまったく報道されない）。筆者の身近なところでは、テヘラン大学の教職員の大人数のグループがサウジアラビアに招かれているし、アラクチー外務次官（前の在京イラン大使）がサウジアラビアを訪問するなど、両国の間では、表向きの対立的な言辞とは別に人の往来が続いている。こうした動きを見ていると、ホルムズ海峡封鎖について、現時点で備える必要性はどこにあるのか、疑問である。

日本を「戦争のできる国」にしようとする議論が強調するのは「安全保障」である。少なからぬ日本国民が懸念する《安全》は、どうも中東情勢や東アジアにおける国際関係の明晰な分析に基づいているわけではないようだ。そこにあるのは、むしろ、日本に漂う閉塞感や先の見通しが難しいことに由来する漠然とした不安であり、捉えどころのない不安を和らげるべく、安全を保障する何らかの政策や人物を求める気持ちであろう。それ故に、アメリカとの軍事的結びつきを強めることで安全が保障される、とする安倍政権に一定の支持が示されていると解釈できる。

イランを中心として中東の人びとと四半世紀つきあってきた身からすると、アメリカとの結びつきを強めるのは、かえって、中東における日本の立場を悪くし、アメリカの介入策に下手につきあうのは、利よりも害が大きいのではないかと案じられる。

アメリカの「ブーツ・オン・ザ・グラウンド（地上軍派遣）」の求めに応じて、日本はイラクのサマーワに自衛隊を駐留させ、水の供給につとめたが、帰国した自衛官たちのなかから二九名もの自殺者が出た、と報じられている。自衛隊による水の供給や橋の修理などにどの程度の意味があったのか、積極的に評価する資料に乏しいのが現状であるが、そもそも対イラク戦争そのものに大義があったのかどうかについて、多くの国々では疑いがもたれている。当事者の一人であるブレア元英国首相は、イラクの情報（化学兵器の存在）について誤りがあったとし、計画の誤りや、政権を排除すればどうなるかという認識の明らかな誤りもあった、と謝罪している。

二〇一一年以降の中東・北アフリカの「液状化」とも称される複雑な情勢は、アメリカ主導の対イラク戦争のとき以上に、きわめて慎重な対応を求められるものだ。簡単に、「国際社会」とみなされがちな欧米諸国と足並みをそろえるためだけに自衛隊を派遣することは、むしろ《安全》から遠ざかると考えるべきだろう。

4　社会不安の二つの表現

「安全保障」の希求は、社会不安の表現としての「排外主義」とも通底するものがあると考えられる。この排外主義の動きは殊に移民排斥の主張として表面化することが多い。

ヨーロッパでは、二一世紀に入ってさらに移民排斥を唱える勢力への支持が顕著となっており、「移民の国」であったはずのアメリカですら、大統領候補となるためにあからさまな「外国人嫌い

(xenophobia)」を声高に主張するトランプが、これまた驚くほどの支持を集めている。

日本でも、在特会(在日特権を許さない市民の会)がヘイトスピーチを路上で繰り広げ、特にツイッターなどのデジタルな言論空間では、「ネトウヨ」の攻撃的な言辞がしばしば「炎上」を引き起こしている。他方、日本の近年の選挙における投票率は五二%程度、二〇代の有権者の投票率は四〇%を切る、という体たらくである(ちなみにイランの二〇一三年大統領選挙の投票率は七二・七%、二〇一六年二月の議会選挙の投票率は六二%と発表されている)。日本では投票というかたちの政治参加をする気はないが、一部の政見をめぐって罵倒だけはしたい人がネット空間に生息している、と理解することができよう。

他方、二〇一五年にはインターネットを利用して「戦争法案」に反対するデモを呼びかける若者たちの集団SEALDsが登場し、国会議事堂前や渋谷のハチ公前広場で、万人単位のデモや集会を組織することに成功した。一九七〇年代の「安保闘争」以降、若者の政治離れが進んでいると言われて久しいなかで、特筆すべき事象である。ただ気になるのは、戦争法案に反対するに際して、日本がこの七〇年間戦争に(表向きは)携わらなかったことが高く評価され、徴兵制が導入される危惧が示されていることである。筆者は、憲法九条にある世界平和の希求を強く支持し、就職市場から疎外される若者を吸収する装置として軍事組織が利用されるのは望ましくないと考えている。しかし「現状維持」の言説や、「危ないことをさせられるのは嫌だ」という後ろ向きの気分が見られることには少し残念な思いでいる。それは、「不安」の別の表現法であるとも考えられるからだ。安倍首相の言う「積極的平和」なるものが世界平和に貢献できるとはまったく思えないが、今求められるのは、日本だけの《安全》を確保するよりも、世界的に戦争を未然に防ぐ新しい構想を提案し、それを論議し、実現する方向へ向かうことであろう。戦争法案反対の運動が今後、諸外国や非政府アクターとの、平和のための多元的な関係を構築するものへと発展することを期待したい。

5 自由と不安

イランでは、選挙の立候補者は、護憲評議会によって（透明性に欠ける基準で）篩にかけられて投票の対象から外されるし、しばしば新聞や雑誌が発行禁止になる。言論の自由がないと評価されるゆえんである。しかし、一年もたたないうちに発禁が解けて出版が再開されたり、別のかたちで発禁になったのと同じものが表に出てきたりする例もめずらしくない。過日の議会選挙では、「改革派」として名前が知られた候補者の多くが資格審査で落とされたが、「改革派」としての活動実績はあまりないものの実のところはロウハーニー大統領を支持する候補者たちが被選挙人として審査を通り、多くの票を獲得してテヘランでは圧倒的勝利をおさめた。政治家の側も投票する市民たちも、こうした巧妙な戦術で、自分たちの意思を政治の場に反映させることに腐心しているのだ。そして近年のイランでは、経済的・政治的な制約について具体的に対処することに、より大きな関心が高まり、「大悪魔」は国民的なイメージ空間では、（少なくとも）前景で大きな位置を占めることがなくなってきている。

言論の自由がイランに比べてはるかに保障されているアメリカやEUや日本では、新「自由」主義なるものの展開によって、多くの人びとは「利益」以外の行動の指針を見失い、自分の「居場所」を定かなものと感じることができなくなったように見受けられる。そして制度的には自由な活動が認められているのに、自分を卑近な知人を超えてより大きな社会の文脈に位置づけることができない若者が増えているように思われる。そうした若者に加え、社会の一部には、より高い年齢層をも含めて、既得権の打破とナショナリズムが結びついた攻撃的言説を礼賛する傾向が見られる。こうした傾向は、容易に「他者」への敵愾心を表現する言葉や表象に結びつく。

ユーラシア大陸の東の端では、折からの北朝鮮によるミサイル発射実験や領海をめぐる対立を契機として、むやみと隣国の脅威を説き、ナショナリスティックで人種主義まがいの発言への支持が高まっている。ユーラシア大陸の西の端では、シリアからの難民問題とジハーディストによるテロによって、ムスリム移民やその二世・三世を「他者」化する言動がさらなる勢いを得ている。そして、自由の大地を自認するアメリカ合衆国でも、外国人嫌いの言説が公然と支持を受けている。各々のイシューは決して新しいものではないのだが、社会の軋みがここにきて一挙に表面化したかのようだ。

三〇年以上も欧米中心の「国際社会」において、その野心や悪が常に取りざたされ、民主主義にもとる、と評価されるイランでは、国民の積極的な政治参加によって、戦争や対立から遠ざかる道筋が選ばれるようになった。折しも、オバマ大統領は国内外の事情に鑑みてイランへの経済制裁解除を決定し、イランとアメリカの緊張は緩和する方向に確実に向かうものと期待されている。しかし、他の地域に目を移すと、その雪解けムードを簡単には寿《ことほ》げなくなる。

「自由」がより大きく謳われる欧米や日本では、人びとは不安に駆られて保身や敵愾心に身をやつし、「生まれ」や宗教を基準として烙印を押された少数派をどこかに追いやって《安全》を得ようとやっきになっている。これまで称揚されてきたはずの寛容な心や多元主義を、かなぐり捨てようとしているかのようだ。おまけに、アメリカでもEUでも、移民排斥と不寛容の言説のなかで、「これは戦争である」との言葉が飛び交う。こうした敵対的（当人にとっては防御の）姿勢は、悲しいことに、「大悪魔」イメージよりも質《たち》の悪い全体主義の前触れのように思われてならない。

（明治大学）

［注］

＊1　そのプロセスの詳細については、拙稿「イランにおける対外観の変容――大悪魔のつくりかた」『現代の中東』一八、一九九五年所収を参照。

第Ⅱ部

中東と世界で起きていること

米軍に破壊されたイラクのバアス党本部
（2003年6月25日バグダード市内。撮影：山尾大氏）

ヤルムーク難民キャンプ（ダマスクス近郊）で食料配給のために並ぶパレスチナ人たち（2014年2月）。シリア危機の激化でパレスチナ人の状況はいっそう過酷なものとなった（提供：UNRWA）

第6章

イラクの現在を検証する

戦争がもたらした政治社会の混乱

山尾　大

二〇〇三年にサッダーム・フセイン率いるバアス党政権が崩壊してから一三年、イラクは再び混乱の渦中にある。戦後のイラクでは、民主的で自由な国づくりが進むはずだった。だが、人びとの期待は裏切られ、すぐに凄惨な内戦が勃発した。その後、いったんは治安が回復し、社会に秩序が戻ったが、数年の比較的安定した期間を経て、イラクは再び最も危険な国の一つになった。「アラブの春」以降に拡大した反体制デモを受けて中央政府の支配が弛緩し、そこに流入した「イスラーム国」(以下、IS)がいくつかの都市を支配したからである。以来、イラクはISとの戦いの主戦場になっている。なぜこんなことになってしまったのだろうか。この問題を考えるために、本章では、二〇〇一年の9・11同時多発テロ事件後の対テロ戦争からイラク戦争へといたるプロセスを概観し、戦後イラクの状況を瞥見したい。

1　成功した戦争、頓挫した国づくり

反米国家には先制攻撃を

イラク戦争の直接的な契機になったのは、9・11同時多発テロ事件とその後にブッシュ政権が主導した対テロ戦争であった。米国にとって脅威となる人物や組織を徹底的に取り締まった対テロ戦争では、グアンタナモ収容所などで超法規的な拘束や尋問が繰り返された。

この対テロ戦争のなかで先制攻撃として行なわれたのが、イラク戦争であった。イラクでは、一九九〇年のクウェート侵攻と翌年の湾岸戦争以降、大量破壊兵器の査察が断続的に行なわれていた。米英は、フセイン政権による保有が疑われた長距離弾道ミサイルや化学兵器、生物兵器などの大量破壊兵器の破棄をめざす査察団に対し、イラク側が非協力的だと批判し続けてきた。9・11同時多発テロ事件後は、イラク政府が査察に虚偽の申告をしているとの批判を強め、大量破壊兵器を有する反米国家だとの認識を露骨に示すようになった。そして、ネオコンの影響力が拡大するにつれ、米政府はこの危険な反米国家に先制攻撃を加えるべきだとの考えに傾いていった。[*1] こうして、グローバルに拡大した反戦デモのなかで、国連安保理の承認を得られないまま開戦に踏み切ることになったのである。

蓋を開けてみれば、イラク政府が主張してきたように、大量破壊兵器は存在せず、戦争の正当性に大きな疑問が付されるようになった。イラク戦争は国際法に違反していると指摘する論者は枚挙に暇がない。とはいえ、多くのイラク人にとっては、長期間続いた強権的な政権が打倒されたことは、少なくとも戦争直後は歓迎すべきことであった。実際、戦闘では大規模な反撃はほとんどなく、二〇〇三年三月二〇日に始まった軍事作戦は、四月九日の首都陥落を経て、一か月程度で終焉を迎えたかのように見えた。

ところが、米国は、国際法に違反した正当性のない戦争で軍事的には成功しても、その後の新たな国づくりではことごとく失敗を重ねることになる。

国家建設の蹉跌

なかでも最大の失敗とされるのが、脱バアス党政策と軍・警察の解体である。戦後の占領統治を担うことになった連合国暫定当局(CPA)は、二〇〇三年五月にフセイン体制を支えたバアス党を解体・非合法化し、上位四階級までの地位にあった党幹部を公職から追放した。続いて、軍と警察などの暴力装置を解体した。これによって、合計で六〇万人以上の失業者が生まれた。

これらの政策はさまざまな問題を生み出した。第一に、新たな国家建設の担い手がいなくなったことである。CPAが排除した党幹部は、とりもなおさずこれまでイラクを支えてきた公務員であった。彼らの排除は国の屋台骨を外すことと同じだった。そのため、ただでさえ困難な紛争後の国家建設支援で、米国は自らの手足を縛ることになった。さらに皮肉なことに、二〇一四年にISがモスルを陥落させたとき、ISはCPAが排除した勢力の一部と同盟をつくっていた。

第二に、戦後の民主主義体制の構築のなかで、米国がスンナ派を旧バアス党政権の支持者とみなした点である。むろん、スンナ派が皆バアス党政権の支持者だったという事実はない。にもかかわらず、スンナ派は新たな国づくりから周辺化されることが多くなった。さらに、宗派や民族集団を単位にした政治参加の制度がつくられ、各集団の人口に応じて代表が任命されるようになった。戦後初めてつくられたイラク人による政府から、これが制度化された（イラク統治評議会には、シーア派五名、スンナ派二名、クルド人二名が任命された）。これは、宗派と民族の集団意識を固定化することに帰結した。二〇〇六年初頭のシーア派聖地のモスクへの爆弾テロ事件を契機に勃発した内戦や、「アラブの春」とISの台頭以降に表面化した宗派対立の少なくとも一因は、この政策に求めることができる。

CPAに排除された失業者は、まずは給与支払いを求めるデモを起こした。デモは次第に米軍の占領に反対するものとなった。これに米軍が発砲し、死傷者が出ると、次は反米闘争が激化していった。職を追われた軍人や警察官は、武器庫から武器を持ち出し、この反米闘争で使用した。ここにアル・カーイダなどの過激派が介入した。彼らは中西部のファッルージャという町を拠点に反米闘争を始めた。米軍は二〇〇四年の四月と一一月に二度ファッルージャに侵攻した。多くの無辜の住民が巻き添えになり、人口約三〇万人の街は壊滅的な被害を受けた。これに対しては、スンナ派だけではなく、サドル派（貧困地区の青年層を支持基盤とするシーア派の政治勢力）をはじめシーア派からも非常に大きな反発が起きた。結果的に、反米感情が著しく高まった。

これに対して、米軍はまずは反米闘争に対応し、治安を回復させなければならなくなった。そのため、治安維持に忙殺される米軍は、国家建設支援に手がまわらなくなった。特に、軍や警察の再建が遅れた。石油省など大きな利権に直結する省庁の再建には力が入れられたが、さまざまな社会インフラの整備はほとんど進まなかった。開戦から五年たった二〇〇八年でも、安全な上水道へのアクセスをもつ人口の割合は二二%にとどまり、下水処理施設を利用できる住民はわずか八%であった。一二時間以上の通電を受けているのも人口の二五%にすぎなかった。[*2] 二〇〇九年には発電量が戦前の水準に回復したものの、その後も真夏や真冬には依然として電力が大幅に不足した状態が続いている。

こうなると、米軍占領下よりも旧体制のほうがましだ、という意見が出てくるのも頷ける。あれだけ厳しい弾圧が繰り返された強権的な旧体制下でも、社会インフラは整っており、秩序もあったからだ。いっこうに良くならない生活に、米軍占領に対する不満が蓄積されていく。脱バアス党政策と軍・警察の解体から始まり、宗派・民族ごとの政治代表制の制度化、官僚制などの国家機構の再建頓挫など、あらゆることが失敗するなかで、当初はバアス党政権の打倒を歓迎した多くの人も、米軍占領統治に対してきわめて批判的になっていったのである。

自衛隊の派遣と邦人人質事件

このように戦後政策の失敗が続くなか、日本も自衛隊を派遣した。当時の小泉政権が派遣を決めたのは、イラク人や日本人の救済ではなく、対米関係を強化するためであったと考えられる。周知のように、日本は湾岸戦争で多額の支援金を拠出したにもかかわらず、クウェートに感謝されず、米国からは「顔の見える貢献」を要求された。自衛隊派遣が強行された背景には、こうした批判を回避し、対米関係を強化するという目的があったのだ。

問題は、自衛隊を派遣したことで日本人の安全が高まったのか、言い換えるなら、安全保障上有利に働いたのかという点である。これに対しては、残念ながら否定的な結論を導かざるをえない。自衛隊の派遣はむしろ日本人を危険にした、と。

というのも、自衛隊が二〇〇四年一月に派遣されてから数か月後、邦人ボランティア三人、ジャーナリスト二人がファッルージャで武装勢力に拉致され、解放の条件として自衛隊の撤退が要求されたからである。武装勢力は、自衛隊を占領軍と考えたのだ。むろん、皆がそう考えていたわけではない。だが、少なくとも筆者が聞き取りしたイラク人や他のアラブ人の多くは、自衛隊が米軍の占領政策に協力しているとの認識を示していた。

これに対し、日本政府やメディアは自衛隊の撤退がテロに屈するとして否定し、自衛隊を守るために自己責任論を持ち出して人質をバッシングした。犯人に対する批判よりも、人質となった人びとへの辛辣な非難すら見られた。こともあろうに、人質は自衛隊の派遣に反対したのではないか、そんな「反政府、反日的分子のために血税を用いることは強烈な違和感、不快感を持たざるをえない」と批判した議員もいた。

武装勢力による誘拐・殺害は非難されるべき犯罪であることは言うまでもない。ただし、自衛隊の派遣がテロリストに人質誘拐を正当化する口実を与えたことも、否定できない。対米関係の強化をめざして強行された自衛隊の派遣は、その意味では決して日本人の安全確保にはつながらず、逆に海外の邦人を危険にさらすことになったのである。

2　混迷するイラク政治

地元部族が回復させた治安

イラクの内政に話を戻そう。結局、米軍は治安の悪化に歯止めをかけることができず、内戦に対応できなくなった。旧体制派やアル・カーイダなどの国外から流入した過激派が、米軍の占領と新政権に不満をもつローカルなコミュニティに入り込んで反米闘争を展開したからである。新たに形成された軍や警察も訓練途上の素人集団であり、治安を回復する能力をもたなかった。国家機構の再建にも失敗した米国の占領統治は、袋小路に陥っていた。ではどうしたのか。

白羽の矢が立ったのは、現地の部族であった。近代化にともなって組織は弛緩したが、イラクは一貫して部族的紐帯が強い社会である。また、一九八〇年代から続く戦争のなかで、多くの部族民が兵士として戦闘経験を有し、武器の扱いにも慣れていた。米軍はそこに目をつけた。具体的には、部族に資金と軽火器などの武器をばら撒き、治安維持の任務を代行させたのだ。多くの失業者を抱える部族は、喜んでその任務を引き受けた。米軍はこれをカウンター・インサージェンシー（対内乱作戦）と名づけ、こうして動員された部族は、「覚醒評議会」と呼ばれるようになった。多数の覚醒評議会が組織された。この部族軍たる覚醒評議会は、ほとんどの住民が互いに顔見知りという閉鎖的な社会の治安維持ではよく機能し、短期間で治安を回復させた。その結果、イラクは内戦状態を脱した。米軍にもイラク正規軍にもできなかった治安維持を、部族軍がやってのけたのだ。

ところが、これで問題がすべて解決したわけではなかった。部族軍は次第にその影響力を拡大させ、組織化を進めて政党を形成し、政治参加を始めたのである。これ自体は悪いことではない。だが、政党となった部族軍は、武器を保持したまま政治参加を進め、政敵に対して武力を行使するようになった。結果、暗殺や誘拐などの政治暴力が横行し始めた。

もう少し抽象的な言い方をすれば、米軍が資金と武器をばら撒いたことによって、短期的には治安が回復したが、中長期的に見れば、国家による暴力装置の一元的な管理体制の構築が困難になった。その結果、地方ギャングとしての部族軍が各地で幅を利かせるようになったのである。

政治対立の広がり

そして、制度政治の内部でも、相変わらず対立が継続していた。具体的には、対米関係（反米か米軍占領容認か）、国民統合、連邦制、宗派対立などの複数の対立軸をめぐってさまざまな政党が連合の形成と解体を繰り返すきわめて複雑な政治ゲームが進展した。各政治勢力は、自らの政策を実現し、利権を強化するために選挙や議会を利用して仲間を増やそうとした。

スンナ派を中心とする政党連合は、二〇〇七年四月頃から、自らの利害を主張して議会をボイコットする戦略を開始した。彼らは、旧体制派の囚人に対する恩赦と、国民和解を要求した。スンナ派に加えシーア派のサドル派も、米軍の即時撤退を要請して議会のボイコットを開始した。安定的過半数を維持できる勢力が存在しないために、たとえ一部の政党でも議会をボイコットすると、政策決定はもちろんのこと、議会運営そのものが成り立たなくなる。ゆえに、ボイコットはこの政治ゲームで有利なカードなのだ。

選挙は有権者の民意を確かめる機会ではなく、いかに多くの票を獲得するかをめぐって戦うゲームになり、最大の票を動員するためだけに短期間で政党連合が再編されていった。議会では、自派の主張を通すために頻繁に離合集散が行なわれ、政権党は自らの支持者や権力者の側近を主要なポストにつけ、従わない者を弾圧し始めた。

こうして政治は多数派をいかに形成するかをめぐるゲームになり、制度内での政治対立が次第に街頭に波及するようになった。それにともなって政治社会の不安定化が進んだ。

「アラブの春」と統治の弛緩

この政治対立が激しさを増すようになったのは、第二次マーリキー政権下だった。マーリキー政権を独裁と批判する与野党は、国会のボイコットを繰り返し、あらゆる政策に反対票を投じた。そのため、首相府が進めようとした多くの政策が暗礁に乗り上げた。これに対し、首相は司法を用いた政敵の排除を試みた。こうしてさらに政治対立が激化した。

ちょうどそのときに発生したのが、「アラブの春」であった。それはイラクにも波及し、政権批判のデモが頻発するようになった。そこにはスンナ派中心の野党だけではなく、シーア派与党も多数加わった。その結果、アンバール県などの中西部地域につくられた反体制デモの拠点は、中央政府が管理できない空間となった。

そこに流入したのがＩＳであった。隣国シリアの紛争で勢力を拡大したＩＳは、アル・カーイダ系の組織と対立した結果イラクに舞い戻り、反体制デモの拠点に流入した。政府の統治が弛緩していた反体制デモの拠点にＩＳが紛れ込んだことで、取り締まりが困難になった。

ＩＳの台頭

そして二〇一四年六月、ＩＳは北上して第二の都市モスルを陥落させた。モスルには国内で二番目に大きな軍管区があり、脆弱とはいえ二万人を超える正規軍が駐留していた。モスルを急襲したＩＳ

は数千人、なぜ二四時間足らずでモスルを落とせたのだろうか。

それは、ＩＳが戦後ＣＰＡにパージされた旧国軍兵士や旧バアス党幹部の一部と戦略的同盟を構築したからである。なかでも有名なのが、フセイン政権のナンバー2であったイッザト・ドーリー元革命指導評議会副議長（兼副大統領）率いる「ナクシュバンディー教団軍」であった。ほかにも、「ムハンマド軍」や「イスラーム軍」といったさまざまな組織がある。彼らはＣＰＡにパージされたのち、シリアに亡命し、「アラブの春」後にＩＳと連合した。彼らはプロの軍人であるとともに、イラク国内の戦略的拠点などを熟知している。だからこそ、旧体制派に支えられたＩＳがいとも簡単にモスルを陥落させることができたのである。

とはいえ、両者の同盟はすぐに瓦解した。国内での復権をめざす世俗的な旧体制派に対して、カリフ制に基づくイスラーム国家の建設をめざす過激なイスラーム主義のＩＳは、水と油の関係だからである。両者の同盟は偶然利害が一致した結果にすぎなかったが、それがイラク国内でのＩＳ拡大という惨事に帰結したのである。

分裂する国家

ＩＳは、彼らのイスラーム理解に基づく厳格な教義を支配地の住民に押しつけ、キリスト教徒やヤズィード派（ゾロアスター教などの要素が混淆する宗派で、ほとんどの信徒がクルド人、イラク北部を中心に分布）に改宗や奴隷になることを迫った。人権が蹂躙され、反対者は集団処刑された。貴重な遺跡も次々と破壊された。

支配地の外でも深刻な問題が露呈した。それは、ＩＳ掃討作戦の過程でさまざまなアクターが国家を引き裂く言動をとるようになったことである。モスル陥落で機能不全になった正規軍に代わってＩＳ掃討作戦の主力部隊になったのは、多数のシーア派民兵や部族軍であった。彼らが国家の分断を促進するようになったのである。

シーア派民兵が多数動員されたのは、「不信仰者シーア派の殺害」を主張するＩＳから、自らのコミュニティを守るためだった。シーア派宗教界の呼びかけに応じ、サドル派などの民兵が次々に動員された。そして、こうした民兵組織が約四〇程度集まって、「人民動員隊」と呼ばれる緩やかなアンブレラ組織が結成された。人民動員隊は、機能しない正規軍に代わりＩＳ掃討作戦を主導していった。人民動員隊はなぜ正規軍を凌駕するほど強力になったのだろうか。それは、イランの革命防衛隊（イラン革命後に設立された、正規軍とは別の軍事組織、革命の防衛が目的）の直接的な支援を受けたためである。革命防衛隊のなかでも国外での活動を専門にする特殊部隊の司令官が派遣され、武器や資金を中心に大規模な支援がなされた。イランにとってイラク国内のシーア派聖地を保護することは重要な国益の一部だ。そのため、支援は、軍事分野に加え、炊き出しや医療など多岐にわたる。

他方、ＩＳ支配下のスンナ派地域では多数の部族軍が結成されていった。中核となったのは、内戦を克服した上述の覚醒評議会である。そして、シーア派民兵を核にした人民動員隊とスンナ派部族を中心とする部族軍が、ＩＳ掃討作戦で覇権争いを始めた。ＩＳ掃討作戦で主導権を握る人民動員隊が、解放区で放火や略奪を行なうようになったからである。人民動員隊の影響力が爆発的に拡大していることに、スンナ派政治家や部族は強い懸念を抱いている。人民動員隊にはキリスト教徒も多数含まれているのだが、こうした対立はシーア派とスンナ派の宗派対立と考えられるようになった。

とはいえ、人民動員隊内部にも激しい路線対立が存在する。親イラン姿勢を強く押し出す勢力もあれば、イラク国民統合を重視し、スンナ派の部族との協力姿勢を重視する組織もあり、人民動員隊も決して一枚岩ではない。同じことはスンナ派の部族軍にも言える。こうして、国家存続の危機をもたらした共通の外敵に対して一致団結して闘うのではなく、逆に国家を引き裂き始めたのである。

おわりに

このように、イラク戦争以降、イラクとその周辺地域には大きな混乱が生じ、最終的にはＩＳというモンスターの出現につながった。残念ながら、対テロ戦争や先制攻撃といった強硬な安全保障政策は、世界をより危険な場所にしてしまったと言わざるをえない。自衛隊の派遣もまた、日本人の安全にはつながらず、逆に、対米追従や占領への加担という批判を生み出した。軍事力に立脚した安全保障は、必ずしも好ましい環境を作り出すわけではない。反対に、不満を醸成し、それが危険を増幅することも多々あることが、イラクの事例から浮き彫りになるだろう。

ではどうすればいいのか。イラクや中東のケースから明らかなのは、地域の専門家の育成が急務であるという点である。日本では、この地域の専門家の層が薄い。それは、ＩＳに拘束された邦人二人が二〇一五年一月に殺害されたときにも浮き彫りになった。この際も、現地の仔細な情報や現地の部族とのネットワークを有する専門家がほとんどいなかった。地域の政治社会に精通した専門家を育成し、地域研究の充実化を図ることこそが、日本の安全保障への大きな貢献となる。それは、軍事力や対米関係の強化に立脚する安全保障よりも、中長期的にはずっと効果的なのではないか。

イラク戦争以降、国づくりの過程でたくさんの人が尊い命を落とし、もっとたくさんの人が悲惨な状況での生活を余儀なくされている。この教訓を、われわれは無駄にしてはならない。

（九州大学准教授／イラク政治、国際政治）

［注］

＊1　ジェームズ・マン（渡辺昭夫監訳）『ウルカヌスの群像――ブッシュ政権とイラク戦争』共同通信社、二〇〇四年。

＊2　Brookings Institution, *Iraq Index: Tracking Variables of Reconstruction & Security in Post-Saddam Iraq*, Brookings, December 30, 2011.

第7章

シリア内戦の途中検証
私たちは何を誤ったのか

黒木 英充

はじめに

シリアの混乱が始まって五年が経過した二〇一六年三月の時点で、まだ終結の見込みは立っていない。確かに、いわゆる「ジュネーヴ3」と称される会議を前に、政権側と反体制側（「イスラーム国」「ヌスラ戦線」を除く）との間で、部分的停戦が成立した地域がある。しかしそれは、二〇一五年夏以降、ヨーロッパにおける難民流入問題がヨーロッパ諸国政府にとって待ったなしの限界状態に立ちいたったとの認識と、原油価格の劇的低落による内戦スポンサーたる湾岸諸国とロシアの疲弊とに起因するのであって、問題解決に向けて国際社会が歩み寄ったためではない。亀裂は依然深いまま、あるいはさらに深化しており、暴力が世界に向けて拡散し始めている。

シリアの危機は、長期的・短期的、国内的・国際的な多数の層が重なり合い、相互作用を繰り返しながら猛烈な速さで変異を遂げている。将来この戦争が終息した後に今まで見えなかった事実関係が明らかになれば、世界を巻き込んでさまざまな国や地域を変質させるにいたった経緯は歴史学的に解明されるであろう。本稿は現段階において、特にシリアと周辺国の主なアクターの誤り・失敗の連続の過程を一瞥し、国際社会の全員が敗者となるにいたった道程を振り返るものである。

1 アサド政権の誤り

これは初動の誤りに尽きる。二〇一一年初めのチュニジア、エジプトと続いた民衆蜂起による体制転覆を受け、シリアの人びとが路上にてデモをする勇気を得たことを過小評価し、強圧的武力行使によりいたずらに流血を拡大し、悪循環を招いたことである。一一年三月、ダラアでの秘密警察による少年の拷問への抗議運動に対してアサド政権が最初から誠実に向き合っていれば、ここまでの泥沼に陥らなかったであろう。

ただ、初動の誤りの背後には巨大な問題の堆積がある。

西側民主主義国も含めてあらゆる国家は、暴力をともなう内乱（その一部はこんにち「テロ」と呼ばれる）には治安機構による武力的鎮圧をもって臨む。初期段階で各地に飛び火した民衆の街頭行動は、基本的に非暴力であった。しかし治安部隊に対する襲撃事件もすぐに発生したので、アサド政権はあらゆる抗議運動を国外からの煽動を受けた「テロリスト」によるものとして徹底的に弾圧した。一九八二年の中核都市ハマーにおける大虐殺の記憶がここで甦る。ムスリム同胞団の蜂起に対して、国軍は都市を完全に包囲したうえで突入し、万単位の人びとを殺害した。今回もシリア軍はチュニジアとエジプトの国軍とはまったく逆の行動をとったのであった。

人びとの抗議運動はシリアの南部から中・北部の農村地帯や大都市郊外地区に飛び火して広がり、暴力をともなうものも増加した。一方、ダマスクスやアレッポなど大都市中心部では大規模抗議運動は起こらず、むしろ体制側の動員による政権支持の大規模デモが催された。早々に大都市（＝政権側）と農村・都市郊外（＝反体制側）という大まかな図式が成立したのである。ここには数千年にわたるシリア地域の都市・非都市空間の二項対立的社会構造と両者の相互的関係を下敷きにしながら、冷戦終結以降の経済の部分的な自由化・開放政策が政権中枢から各方面に広がる利権連鎖のなかで展開されたこと、その結果二〇一一年の段階で大きな社会的格差が生じていたことなど、チュニジアやエジプトと共通する状況があった。一九六〇年代以降、バアス党政権中枢部は大都市出身者に代わって農村部出身者が多く占めるようになったが（アサド一族もその典型である）、その族的な結束力をもってひとたび権力を握るや、都市特権層化して腐敗していった。これが次なる結束する外部勢力により打倒されるというコースは、一四世紀のアラブ歴史家イブン・ハルドゥーンが『歴史序説』にて描き出した王朝交代論を彷彿とさせるものである。

こうした農村・都市郊外の収奪されし階層の人びとが反体制運動に向かったときの持続力を、政権側は軽視していた。確かにバアス党政権は、バッシャール・アサドの父ハーフェズ・アサド政権（一九七〇～二〇〇〇年）よりも以前から農地改革につとめ、小麦生産能力を高めて、農村に飢餓状況を招くような貧困問題を生じさせてはいなかった。しかしそれが年率三％増加、過去半世紀で四・五倍増という人口爆発を招き、都市郊外への流入人口を経済的に置き去りにする結果を生んだ。逆に言えば、政権は少数のみを満足させるにとどまり、より多くの人口の繁栄のための経済体制を作り上げること、いわばシリアというバスの定員を増やすことに失敗したのである。

一九八二年のハマー事件ののち、スンナ派ムスリム人口に対する懐柔の一環として、政権は「穏健な」イスラーム運動を保護する対策をとったが、それは次第に政権の目の届かないところでの自律的な運動を農村部・都市郊外で展開させ、内戦において反体制派のなかのイスラーム主義的分子が勢力を拡大させる基盤を準備することとなった。これも都市・非都市空間の対立構造のなかでの人びとの動きの潜在力を、アサド政権が捉えきれていなかったことを意味する。

2　反体制派の誤り

こんにち、一口に「反体制派」と言っても千差万別である。都市部を中心にハーフェズ・アサド大統領時代から民主化運動を続けてきた人びとや、バッシャール・アサド大統領就任当初に一時的に訪れた部分的な政治的自由化を拡大させようとした市民運動の人びとから、離反兵や成り行きで反政府側にまわった人びと、さらには（一般にメディアでは「反体制派」の括りには入れられないが）「イスラーム国」や「ヌスラ戦線」を極としつつそこにグラデーション状に連なる多数のイスラーム主義運動にかかわる人びとまで、アサド政権に対峙する人びとを十把一絡げにすることは不可能である。

ただ、次のような流れを確認しておくべきだろう。最初は反体制運動ではなく、治安組織に謝罪を求める運動だったのが、政権側の暴力に呼応するかたちで暴力をともなう反体制運動に転化していき、その過程で外国からの介入と煽動が激化して後戻りできなくなり、イスラーム主義的武装組織が跳梁し始め、それらに圧倒されるにいたった。右に見たように、反体制派は主に農村部と都市郊外に居住する人びとからなる。もちろん、たとえば「イスラーム国」の支配下の人びとが、すべてこれを支持しているわけではない。多くは生存のためやむをえず従っているのであり、その点では被害者なのだ。

ここで西側諸国が呼ぶところの「反体制派」、すなわち二〇一一年八月に結成された「シリア国民評議会」にせよ、それがうまく機能せぬまま翌年一一月に拡大して結成された「シリア国民会議」にせよ、「イスラーム国」「ヌスラ戦線」以外の多くの組織からなる連合体については、イスラーム主義者から世俗主義者までバラバラで、新政権への青写真が描けない烏合の衆だとの見方がある。それ自体が失敗だと言えようが、その背景には「エジプトのムバーラク政権すら倒れたのだからアサド政権も早晩必ず倒れる」と安易に見込み、たとえ武力衝突にいたってもリビアのように最終的には米欧が軍事介入するはず、と期待した判断の誤りがあるだろう。二〇一二年秋、主にアレッポ周辺村の農民からなる反体制派民兵がアレッポに侵入したとき、市民が歓呼して迎えてくれると思いきや、冷たい反応のままだったというケースは、その誤りを如実に表している。

また二〇一一年末頃からダマスクスなど政権側支配地域で爆弾事件が頻発した際に反体制側はこれを「政権の自作自演」と主張し、彼らもまた政権と同様に平然とプロパガンダを行なう集団であることを示した。これは大都市部にて政権に反感をもつ人びとをさらに不安に陥れ、反・反体制、すなわち消極的政権支持を強める効果を生んだ。民兵がアレッポなどで市街戦を展開するにあたり、そこに住む人びとの生活を犠牲にし、住宅占拠や略奪を繰り返したことも大きい。

第一次世界大戦後のフランス委任統治政府に対する一九二五〜二六年の全国的蜂起（シリア大反乱）も、南部の農村地域での武装闘争に始まったが、ダマスクスなど大都市の商人層を糾合できずに鎮圧されたのが思い起こされる。

3　サウジアラビアなど湾岸諸国の誤り

シリアで事態が動き始めたとき、湾岸の王制・首長制の諸国は不安と期待の両方をもって注視した。不安は、アラブ諸国市民の自由と尊厳を求める体制変革の波が、東に伸びてアラビア半島に達するのでは、というものだった。一方、二〇〇三年のイラク戦争の結果、イラクにシーア派主導の政府が成立してイランの影響力が増したために、また〇六年のイスラエルのレバノン侵攻をヒズボラ（ヒズブッラー）が撃退してアラブ世界の喝采を浴びたために、イランからレバノンにいたる「シーア派勢力」がこれまでになく強まっていた。その要の位置を占めるアサド政権が倒れて自らの息のかかったスンナ派政権が成立すれば、イランの影響力に打撃を与えて一挙に形勢を逆転できる、との期待もあった。また、シリアの情勢が泥沼化すれば、人びとの「民主化」要求運動がどんな結末を生むか、自国民に示して運動を封じ込むこともできる。

二〇一一年三月、バハレーンで起こった民主化要求デモを隣国サウジアラビア等がただちに軍隊を派遣して暴力的に鎮圧し、「イランによるシーア派分子の煽動」と喧伝したこと、そしてシリア反体制派に資金や武器を与え、アラウィー派（シーア派の一分派）に対する戦いは不信仰者に対するジハードとする一部のスンナ派の考え方を、有名な導師を使って衛星放送やネットを通じて拡散したことは、その表れであった。サウジアラビアがこの動きの先頭に立ったが、サウジへの対抗意識を燃やすカタルは、エジプトのムスリム同胞団のモルシー政権やトルコのエルドアン政権と連携し、サウジと競合しつつシリア反体制派への支援に力を入れた。カタルの衛星放送アル・ジャズィーラはアサド政権つぶしのための宣伝組織と化した。

リビアでカダフィー政権が倒れたのちに膨大な余剰在庫となった武器は、シリアに続々と転送された。また米欧製の高性能武器やブラックマーケットの小火器も、莫大な量がシリアの反体制派に供給され、それらは民兵組織間で取引されて血液のごとく流通した。モノやカネだけではない。アラブ諸国のみならず東南アジアや中央アジア、コーカサス、欧米からも続々とスンナ派「義勇兵」がシリアに向かった。こうした武器や人のコストは、主に湾岸諸国のオイルマネーが支えたのである。トルコはその主要な回廊となった。

二〇一一年七月の反体制派「自由シリア軍」結成を内戦の始まりとするならば、その後一年が経過したところで、早くも国内各地でジハード主義組織が目立ち始め、アル・カーイダ系「ヌスラ戦線」はシリア北部に確固たる足場を築いた。また「イラクのイスラーム国」もシリアに進出し、「イラクとシャーム（歴史的シリア）におけるイスラーム国」に成長する。

それがイラク北部の主要都市モスルを占領して「イスラーム国」（IS）を宣言し、世界中を驚かせたのは、さらに二年が経過した二〇一四年六月のことである。この組織が米欧諸国や日本の人質を次々に惨殺したことから、湾岸諸国政府もIS対策を強化して米軍の空爆につきあうなどしたものの、長期にわたって湾岸の富裕層がこれらイスラーム主義的民兵集団に資金援助を続けてきたことは指摘されている。IS成立にあたっては湾岸諸国の「未必の故意」が成立すると言わざるをえない。

サウジアラビアは二〇一五年三月に、カタルやトルコとの競合関係を解消し、アサド政権打倒のために足並みをそろえる一方、イエメンのフーシー派に対する攻撃を開始し、シリアでは間接的、イエメンでは直接的に戦争することとなった。いずれもイランをにらんだ行動であり、スンナ派・シーア派間の宗派的対立感情はイラク・シリアから広く拡散することとなり、世界的に危険な状況を招来している。一五年一二月のサウジによる「ムスリム対テロ連合」（イラン、イラク、シリアを除外）結成や一六年一月の対イラン断交はその象徴であった。

サウジアラビア中心の「スンナ派枢軸」の一致した支援を受けたシリアの反体制側（イスラーム主義的組織が大半）は活性化し、アサド政権側は軍事的に後退を重ね、窮地に陥った。そこで二〇一五年九月、ロシアが急遽アサド政権側にテコ入れすべく軍事介入に踏み切る。約七か月間の大規模空爆によりアサド政権側は息を吹き返したのだが、これはサウジアラビアにとって大きな痛手となった。内戦開始時に一バレルあたり一〇〇ドルを超えていた原油価格は、このときまでに約三〇ドルに下落し、サウジにとってもロシアにとっても内戦介入の重圧は増すばかりとなっている。

結局のところ、（オマーン以外の）湾岸アラブ諸国は、シリア内戦を通じて巨大な国富を浪費し、世界各地からジハード主義者をシリアに集め、スンナ派・シーア派対立の火を中東各地に燃え上がらせ、鎮火のめどが立たない状況を招いたのである。

4　トルコの誤り

シリア周辺国のうち、内戦を通じて最大の変化に直面しているのはトルコである。その激変はまず、現大統領のエルドアンが首相の時期におけるアサド大統領との個人的関係のなかに現れた。二〇〇二年の政権掌握後、エルドアン率いる公正発展党は、従来のトルコの厳しい世俗主義に対する主に農村部人口の不満を背景に、徐々にイスラーム色を強めた。対外的には「ゼロ・プロブレム外交」として近隣アラブ諸国やイラン、アフリカ諸国との関係を重視し、中央アジア諸国との経済協力を強化した結果、トルコは中東のみならず広く世界のムスリム人口の期待を集める存在となった。

シリアとの関係も蜜月のようになった。一九九〇年代後半からシリアはクルド労働者党（ＰＫＫ）への支援を中止してトルコとの関係改善に向かっていたが、公正発展党政権時代に経済関係が一挙に拡大した。シリアからヨルダンを経てサウジアラビアにいたる幹線道路は、二〇〇三年のイラク戦争によりイラク経由ルートがしばらく使えなくなったこともあり、トルコにとっては湾岸諸国向けに自国製品を輸送する大動脈であった。〇七年にはシリアと自由貿易協定を結ぶにいたる。シリアではトルコ製品・資本があふれ、エルドアン、アサド両首脳の間では双方の夫人も交えた親密な相互訪問が繰り返された。逆にトルコ・イスラエル関係は急速に悪化し、一〇年五月のイスラエル軍のガザ支援船襲撃によるトルコ人殺害をもって極点を迎えた。

ところがシリアで混乱が始まってからすべてが変わった。エルドアン首相はアサド大統領が忠告を聞き入れなかったことを理由に、二〇一一年一一月には彼をヒトラーになぞらえて退陣要求した。露骨な掌返しであるが、アサド政権の早期崩壊と、ムスリム同胞団の主導的役割という見込み違いを犯していた。早くもこの段階でトルコからシリア反体制派への武器密輸が報道で指摘されていた。こうしてトルコは、シリア反体制派への武器・兵員・物資の最大のルートとなっていく。反体制派もアレッポ周辺で占拠した工場や倉庫の資材や商品（小麦など食糧も含む）等をトルコに送って売り払った。

しかしトルコにとって憂慮すべき事態はすぐに訪れる。内戦開始後一年もすると、シリア側国境地帯にクルド人支配領域が生まれてきた。トルコはイラクのクルド人自治区とは折り合いをつけ、自国領の地中海側に原油パイプラインを通すなどして経済協力関係さえ樹立していたが、PKKとつながりの深いシリアのクルド人の国境地帯制圧は容認できなかった。二〇一四年夏からクルド人組織が国境の町コバーニー等をめぐってISと死闘を演じるようになると、アメリカや国連の再三の要請にもかかわらず、トルコはイラク・クルド人の援軍のトルコ領通過をなかなか認めなかった。ISにクルド人組織を駆逐させてシリア側国境に沿って緩衝地帯を設定し、自国のシリア人難民の多くをそこに移すことを計画していたという。最終的にはアメリカの圧力に屈するかたちで一四年一〇月末に援軍の越境を認めたが、これを転機にシリアのクルド人は徐々にトルコとの国境地帯をISから奪取し、一六年三月にはシリアにおける連邦制を一方的に宣言するにいたった。トルコにとって悪夢のような事態が出現したのである。

この間、二〇一五年九月からロシアがアサド政権側に立って対IS作戦と称する軍事介入を開始すると、トルコの直接支援を受けるトルクメン旅団（シリアのトルコ系民族トルクメンの民兵集団で、ヌスラ戦線と共闘）を攻撃されたことへの報復として、一一月にはロシア軍機のトルコ領空通過を口実にこれを撃墜した。対ロシア関係は劇的に悪化し、観光産業を中心にトルコ経済は大きな打撃を受けた。

シリア内戦の影響はこれだけではない。ＰＫＫとの停戦は二〇一五年一一月に破綻し、トルコ南東部では武力衝突が頻発、都市の包囲戦が行なわれるまでになった。ＰＫＫのみならず、「裏切られた」との怨念をもつＩＳ分子もトルコ国内で爆弾攻撃を開始した。ＩＳにはトルコ国内からも約一〇〇〇人が参加し、ヌスラ戦線にも数百人が参加しているが、かつてアル・カーイダとの関係でパキスタンが苦しんだのと類似した状況である。トルコ国内に二百数十万人いるシリア人難民の処遇も今後大きな問題となるであろう。

トルコのシリア内戦関与の実態はまだ不明な点が多い。こうした問題に取り組む新聞社や放送局が政府によって弾圧され、クルド人との和平を訴える大学関係者が取り締まりの対象となるなど、報道・言論の自由が著しく侵されている。トルコは五年前には予想もできなかった事態を迎えている。

5　米欧・ロシアの誤り

チュニジア・エジプトでの体制変革ののち、リビアではＮＡＴＯの軍事介入によって暴力的にカダフィー体制が転覆された。反体制運動を暴力的に鎮圧する独裁政権に対しては、その国民を国際社会が「保護する責任」があるとして介入を正当化する議論がなされてきたが、リビアはその典型例とされた。その結果は、こんにちまで続くリビア内戦である。

シリアはリビアよりも事情が複雑だとして、国際社会では介入への慎重論が大勢であったが、フランスはオランド大統領のもとで急先鋒ぶりが目立った。アメリカは当初様子見であったが、フランスや湾岸諸国に引きずられるかたちで二〇一一年八月にオバマ大統領がアサド辞任勧告を発表。以後これはアメリカの外交をしばるものとなった。さらに翌年八月には「化学兵器レッドライン」宣言を発したが、一三年三月にシリア北部農村で化学兵器疑惑事件が発生、さらに八月の国連調査団の到着直後にダマスクス近郊で大規模なサリンガス事件が発生した。その後ロシアの外交努力が実り、アサド政権による化学兵器原料廃棄をもって米欧による軍事介入は避けられた。サウジアラビアやトルコがこの決定に最も強く反発した。

オバマ政権とサウジやトルコとの間での軋轢が目立つようになっている。逆に言えば、アメリカはこうした国々を統制する力をもはや持ち合わせていないのである。早くも二〇一二年八月の段階で、アメリカ国防省はシリアの体制転換の失敗とイラクからのジハード主義者がシリアで「イスラーム国」を宣言する可能性とを把握していた。しかし意図してか否か、二年間手をこまねいていた。

こうしたアメリカの迷走ぶりに比べれば、ロシアは受け身ながらも情勢判断がより優れていると認めざるをえない。これは米欧の「オウンゴール」的な失敗もさることながら、コーカサス地域も含めてロシア本土に多くのムスリム人口を抱えていて、チェチェン、グルジア、ウクライナなどで難題に向き合ってきたからであろう。しかし、ロシア正教会が軍事介入を「対テロ戦争」としたうえで「聖戦」と呼び、その司祭がシリアに出撃する戦闘機に聖水を手向けるような行為は、ＩＳの「十字軍」プロパガンダに呼応するかのようである。今後ロシア国内の宗教問題にはね返ることがないか、注意が必要である。

おわりに――日本の誤り

シリア内戦は、逆説と矛盾に満ちた複雑な連立方程式である。しかも変数は増えていく。アメリカはアフガニスタン、イラクと続けてきた失敗を、結局のところシリアでも繰り返している。にもかかわらず、アメリカに従う一元一次方程式で解けると考えているのが日本政府である。湯川遥菜・後藤健二両氏人質事件への対応と、アメリカに全面奉仕する「安保法制」のなりふりかまわぬ成立とが、それを物語る。その安易な周回遅れの国際状況認識がこの先もたらすものは何か。内戦に苦しむシリアの人びとが、身をもって訴えかけているように見えてならない。

（東アラブ近現代史）

第8章

変容する湾岸情勢とアメリカのジレンマ

日本のとるべき道は？

宮田　律

核開発問題をめぐるイランへの経済制裁が解除に向かうなかで、湾岸（ペルシア湾岸）情勢は流動化するようになった。「イスラーム国（ＩＳ）」など武装集団の台頭の背景には、二〇〇三年のイラク戦争によってイラクの国家社会が安定を大きく崩したという要因が大きい。フセイン独裁体制時代を肯定するわけではないが、その後に米国がつくった新体制も同様に人権抑圧、非民主的で、抑圧的な政治、経済格差の増大などの矛盾を生み出していった。イラクで、イラン（ペルシア）に対抗し、アラブ・ナショナリズムを代表するかのようにふるまっていたサッダーム・フセイン政権が崩壊し、親イラン的な政権ができると、イランの影響力拡大を望まないサウジアラビアとイランの対立が目立つようになった。これがスンナ・シーア派の宗派対立の構造によるものと捉えられがちだが、二〇一六年一月のサウジアラビアの対イラン断交という措置に湾岸のアラブ諸国にも追随する姿勢が現れたのは、たんに宗派対立だけで説明できるものではない。そして二〇一四年末以来の石油価格の下落や、この地域をめぐる米欧諸国の経済的思惑も湾岸情勢をいっそうに複雑化している。以下ではサウジアラビアが軍事介入を行なうイエメン情勢をも含めて不安定化する湾岸情勢の現状と日本への提言を検討したい。

1　石油価格の下落と米欧の兵器産業

二〇一六年に入って株価の下落傾向が続いたが、その背景の一つにあるのは、世界有数の産油国サウジアラビアの動静である。サウジアラビアは、イエメン空爆やイランとの断交、シーア派の指導者などの処刑に見られるように内政外交ともタカ派的傾向が目立つようになった。

サウジアラビアと米欧の軍事産業との間では賄賂を介した取引など政治腐敗も指摘されてきた。一九八五年にサッチャー政権時代に結ばれた「アル・ヤマーマ」契約は総額一〇兆円にものぼるものだったが、サウジアラビアのバンダル王子はこの契約に絡んで一〇億ポンド以上（当時およそ二二〇〇億円）の賄賂を手にしたとされる。[*1]

サウジアラビアは二〇一四年一一月から石油の増産を行なっているが、これは政治的にはアサド政権を支えるロシア、またイランを経済的苦境におくことを図ったものだった。イランはこうしたサウジアラビアの思惑に挑戦するようになり、経済制裁が解除されれば、およそ日量一〇〇万バーレルの増産をめざすとしている。石油価格の低迷によって、イランやロシアだけでなく、サウジアラビア自身も経済的困難に直面するようになった。二〇一五年一〇月、ＩＭＦ（国際通貨基金）は、原油安が続ければサウジアラビア財政が五年以内に破産することになると予測した。

二〇一五年三月から始まったイエメン空爆には出口が見られず、数千人もの市民の犠牲をもたらすなど、空爆はアラブの最貧国の人道的危機をもたらすばかりである。サウジアラビアはこれまで六〇〇億ドルの資金をこの戦争に費やしたものと見られるが、欧米や日本などの株を売却することで、戦費をまかなうようになり、イエメンの紛争も日本などの株安傾向をもたらしている。

サウジアラビアはバハレーンなど民主化要求で王政が動揺しそうな国に対して、治安維持などのために、多額の資金を提供したと見られている。サウジアラビア王政が「イスラーム国」に対して直接資金を提供したことがなくとも、シリアやイラクの反政府勢力に対して資金援助をしていたことは確実視されている。サウジアラビアの政治指導者たちはワッハーブ派という厳格で保守的な宗派が体制を守る柱と考えているのだろうが、厳格なイスラームに回帰する「サラフィー主義」と呼称されるイデオロギーはエジプト、リビアなどで既存の秩序に挑戦する勢力の考えの中心となっている。

軍事情報誌『ＩＨＳジェーンズ』によれば、サウジアラビアは二〇一四年にインドを抜いて世界第一位の武器輸入国となったが、同年に六四億ドルに相当する武器を購入し、それは前年比で五四％の増額であった。サウジアラビアとＵＡＥ（アラブ首長国連邦）を合わせると、八六億ドルで、それは西ヨーロッパ全体の輸入額よりも多い。*2

ＳＩＰＲＩ（スウェーデン国際平和研究所）のデータによれば、二〇一四年に米国の武器輸出は二三％増え、米国製の兵器は世界の武器市場の三一％を占める。九四か国が米国製兵器を購入し、米国製武器の総輸出の三二％を中東が占めている。サウジアラビアなど湾岸諸国は米国の軍事産業にとって重要な「顧客」だから米国は中東の政情に重大な関心を寄せざるをえない。

2　中東の液状化をもたらしたイラク戦争

米国は、二〇〇三年のイラク開戦後、「イスラーム国」への空爆にいたるまでイラクで戦争ばかりを行なっていたわけでなく、「民主主義の創設」「女性の社会進出」「小規模ビジネスの起業」などを念頭に戦後復興もめざした。イラクでスンナ派とシーア派の宗派対立が激しくなると、「穏健」なスンナ派に資金や住宅を提供し、暴力を停止させる工作も行なっている。

しかし、米軍が二〇一一年末にイラクから完全撤退する頃、イラクはスンナ派、シーア派、クルドという宗派、民族によって明らかに分断された国家になっていた。イラクにおける米国のプレゼンスは一般市民に目立つことなく、コンクリートの壁によって護られた、一〇億ドルをかけて建築した米大使館は、イラクの人びとの目に触れられることがまったくない。

米国はイラク軍の訓練に二五〇億ドルの予算を使い、六〇〇億ドルを復興に費やし、またイラク戦争そのものには全体で二兆ドルという巨費をつぎ込んだが、[*3] 米国が創設したイラク軍は二〇一四年六月、「イスラーム国」に北部都市のモスルへの進出を容易に許してしまうようなひ弱な戦闘力しかもたなかった。イラク戦争で、米兵の戦死者四五〇〇人、イラク人の死者一〇万人以上（多い見積もりでは五〇万人とも、六〇万人とも言われる）を出しながら、二〇一五年秋になっても「イスラーム国」の勢いがいっこうに衰えなかったように、イラクに安定した親米国家をつくるという米国のもくろみは成功しなかった。

イラク以外の中東イスラーム世界各地でも過激派が台頭するようになり、さらに地域的にも大いに拡散していった。オバマ政権は新たに他国への「ブーツ・オン・ザ・グランド（地上軍派遣）」をしないことを基本方針として、政権当初はパキスタンの部族地域やアフガニスタンに無人機攻撃を多用していった。しかし、オバマ政権時代にイラク、シリア、リビア、西アフリカ、イエメン、ソマリア、ケニア、南スーダンは政治的にも社会的にもいっそう混乱していった。

3　根強い「イスラーム国」と米国

米国ハーバード大学の政治学者ステファン・ウォルトは、「イスラーム国」が「国家」となるならば、国際社会はそれとの共存を考えるべきだと二〇一五年六月に主張した。[*4] しかし、「イスラーム国」には、かつてのアフガニスタンのタリバン（ターリバーン）とは異なって、外交を行なったり、国際社会と協調したりする姿勢が見られない。「タリバン政権」は、パキスタン、サウジアラビア、UAEという三か国によって国際的に認知されていた。

「イスラーム国」の脅威は、そのイデオロギー的な影響によって世界的にその求心力をもつことである。特に中東イスラム世界のスンナ派社会に根を張りつつあり、二〇一五年になってサウジアラビアやクウェートではシーア派のモスクが爆破された。

米国は、一九九一年の湾岸戦争から「イスラーム国」への空爆まで四半世紀にわたって戦争を行ない、数兆ドルの戦費をイラクに使ったと見積もられるが、それにもかかわらず、イラクは平和や安定とはほど遠い状態にある。

米国がイラクやシリアの「イスラーム国」への空爆を行なっている一方で、世界各地の武装集団には「イスラーム国」に忠誠を誓う組織が続々と現れている。ノーベル平和賞を受賞したマララ・ユースフザイを銃撃した「パキスタン・タリバン運動（TTP）」、またリビアの武装集団「アンサール・シャリーア（イスラーム法の支持者たち）」などは、「イスラーム国」の最高指導者であるアブー・バクル・バグダーディーに従う意思を示すようになった。

TTPが「イスラーム国」の厳格なスンナ派イスラームに従うのは、彼らがスンナ派であると同時に、パキスタン政治を支配してきたパンジャーブ出身の人びとに、現代のイスラームでは本流ではない「イスラーム神秘主義」の信奉者が多いということにも関連する。TTPはパキスタン政治・社会におけるパンジャーブ出身者の支配に反発してきた。

リビアでも「アンサール・シャリーア」のようなイスラーム主義者たちがカダフィー政権に抑圧されていたことが現在、厳格なスンナ派イスラームを奉ずる「イスラーム国」への支持となって表れている。つまり、抑圧されてきたスンナ派がいっせいに存在感をアピールするようになったのだ。同様な傾向は、シーア派の武装集団ヒズボラ（ヒズブッラー）が活動してきたレバノンや、またイラク戦争でシーア派主体の政権が成立し、スンナ派が弾圧されてきたイラクでも見られるようになった。イラクやシリアでは産業が壊滅的になったが、「イスラーム国」に入ることによってのみ、生計を立てることができる若者たちは少なからずいるし、またイスラーム国は「恐怖政治」で若者たちに圧力をかけてその兵士に仕立てあげてもいる。

二〇一四年六月、イラクの数万人の治安部隊は「イスラーム国」の攻勢に対してバグダード北方にあるニネヴェ県をあっさり放棄してしまった。この治安部隊は米国が訓練を施し、米国製の武器・弾薬で装備させたものだったが、小型武器主体の「イスラーム国」との戦闘に敗れ、兵士たちは軍服を脱いで一般市民のなかにまぎれ込んでしまった。

二〇〇三年五月にポール・ブレマーの連合国暫定当局は（CPA）は、イラン・イラク戦争などで戦闘に熟練したイラク軍を解体してしまった。米国が創設した新しいイラク軍は主に米空軍の訓練を受けたが、その任務はイラク国境の防備にあたるというものだった。サッダーム・フセイン時代の四〇万人の軍隊を解体したことはその元兵士たちの多くを「失職状態」におき、少なからぬ元将兵たちが米軍占領への「レジスタンス」に参加し、さらに現在の「イスラーム国」の活動に加わっている者たちもいる。「イスラーム国」は戦車、大砲、ジープ、さらにはヘリコプターなどイラク戦争で米国がイラクに残した武器や、シリア政府軍の兵器を押収して使用するようになった。

「イスラーム国」には腐敗した政権を打倒し、外国勢力を駆逐するという「大義」があるものの、イラク政府軍にはそうした「大義」が見当たらない。政府軍が軍事的に守るべき米国がつくったシーア派主体の政府は、腐敗して、抑圧的で、行政能力も無能で、国民の間ですこぶる評判が悪い。また、イラク政府に対する信頼の欠如も政府軍が容易に戦線を放棄する背景となっている。「イスラーム国」の脅威に対する米軍の空爆、また米軍のイラク政府軍への武器の供与、軍事顧問の派遣、兵士たちへの訓練はこれまで行なってきたが、まったくと言ってよいほど成功しなかった。

腐敗した政府は腐敗した軍隊しか作り出さない。二〇一三年の国際NGO「トランスパレンシー・インターナショナル」による世界の腐敗度数ではイラクは世界一七七か国中一七一位であった。二〇一四年六月にイラク北部のモスルが「イスラーム国」の手に落ちたとき、公式にはイラク政府軍には六万人の兵力があったものの、実際に戦闘に参加したのは二万人とも見られている。兵士たちは給与を得ていたものの、副業をもっていたり、給与を上官にピンハネされたりしていた。また、上官は兵士の数を水増しして報告してその分の給与を着服した場合もあるし、米国製の兵器を購入する場合にはその半額近くが賄賂として支払われたという指摘もあるほど腐敗していた。

米国やその同盟国は、「イスラーム国」に対して空爆を行ない、クルドや「自由シリア軍」などの武装集団への武器・弾薬を供与しているが、これはかつて米国が失敗したベトナム政策を彷彿とさせるものだ。

米国や南ベトナム政府軍と戦った「南ベトナム解放民族戦線（通称ベトコン）」は、戦闘だけでなく、裁判所を設立し、社会サービスを行ない、また軍隊を創設するなど行政能力を備えていったが、それに対して中央政府や米国は各地の腐敗した軍閥と結託し、非人道的な行為を住民たちに行ない、それが民族解放戦線をさらに膨れ上がらせることになった。

このベトナムのように、イラクでも米国は政府軍や軍閥（シーア派民兵組織）と結託して、反政府勢力を制圧しようとしている。イラクでも米軍と協力する武装集団は「人身の保護」と引き換えに住民たちから恣意的に「税金」を取り立てるなど腐敗していった。現地の武装集団を利用するという米国の方針は駐留する国における対立や党派（宗派や民族などを単位とする）主義、混乱をいっそう助長することになっている。そして政府の打倒を考える部族などの反政府勢力は共通の目標のもとに「イスラーム国」と連帯していく。

イラクやシリアの「イスラーム国」、あるいはアフガニスタンのタリバンのように、腐敗、堕落した政府を打倒しようとする「準政府」の能力を軽んずることはできない。それはレバノンのヒズボラ、パレスチナのハマスにも言いうることで、これらの組織も住民たちにとって政府よりも有効、有益な統治を行なってきた（ハマスは二〇〇六年から民主的に選出された政府をつくっているが……）。

欧米が現在のイラクやアフガニスタンの政府を軍事的に、また経済的に支えたとしても、それと並行して存在し、機能する「準政府」を弱体化することが容易ではないことは二〇世紀から米国がベトナム、アフガニスタンなど各地で繰り広げてきた戦争が証明するところである。

4　サウジアラビアなど湾岸アラブ諸国が空爆するイエメン

イエメンはアラビア半島の西南端に位置する国で、人口はおよそ二四〇〇万人、アラブ連盟加盟国のなかではソマリアに次いで貧しい。しかし、イエメンは世界の戦略上の要衝に位置し、紅海やスエズ運河の「出入り口」とも言えるバーブ・アル・マンダブ海峡を擁する。世界の海運の八％から一〇％が紅海とスエズ運河を通過するが、世界の石油輸送の二・五％もがイエメン沖を通過する。ヨーロッパ諸国にとっても、バーブ・アル・マンダブ海峡は「生命線」と言える。仮にこの海峡を迂回してアフリカの南端をルートとすれば、輸送コストが途方もなく跳ね上がる。

「アラブの春」でサーリフ大統領が退陣し、ハーディー大統領の政権になってもイエメン政治は安定することはなかった。軍部や行政府では依然としてサーリフ一族の影響が強く、サーリフ大統領は与党の党首であり続けるという政治の寡頭支配は続いた。フーシー派は二〇一四年九月に首都サナアになだれ込んだが、政府軍はまともに応戦しなかった。サーリフ一族に従順ではなくなったハーディー大統領に対する親サーリフ勢力の懲罰的な動機もあったとされている。

シーア派のフーシー派による政治を南部のスンナ派住民がすんなり受け入れる可能性はなく、イエメンが再び南北の亀裂を強めている。イエメンには「アラビア半島のアル・カーイダ」という文字通りアル・カーイダに共鳴する武装勢力もいて、イエメンの混乱はこの組織の活動を勢いづかせる可能性すらある。

イエメンの首都サナアは街全体がユネスコ（国際連合教育科学文化機関）の世界遺産に属し、サナアでは二五〇〇年にわたって人びとの生活が営まれてきた。一九五四年にユネスコ主導で「武力紛争の際の文化財の保護に関する条約」が成立し、世界遺産のような文化財を破壊・損傷してはならないとされた。

二〇一四年からサナアはフーシー派の支配下におかれているが、フーシー派に放逐されたハーディー政権軍をサウジアラビア、UAE、エジプト、バハレーン、カタルなどアラブ諸国が支援する。

二〇一五年三月下旬からサウジアラビアが主導するアラブ軍がフーシー派の支配する都市を空爆したり、イエメンには経済封鎖が敷かれたりした。国連によれば、三月以来のイエメン人の犠牲者は同年一〇月中旬までに二一〇〇人以上にのぼり、そのほとんどがアラブ連合軍の攻撃によるものであり、その攻撃は世界遺産である首都サナアに集中する。子どもの犠牲者も数百人にのぼるとされるが（「フォーリン・ポリシー」の記事）、特にフーシー派が支配するサナア北部は無差別爆撃の対象となり、非人道的なクラスター爆弾が用いられたりしている。フーシー派も市街地への無差別なロケット攻撃、捕虜への拷問など人権侵害で批判されている。

二〇一五年一〇月二日、国連人権理事会で、オランダがイエメンにおける人権侵害を調査するために、国連の委員会を設置することを求める決議案を提出したが、サウジアラビアを中心とするアラブ諸国が反対し、米国もサウジアラビアによるイエメンでの国際的な停戦努力を妨害する行為があったにもかかわらず、これを支持し、決議案は結局成立しなかった。二〇一五年九月中旬にサウジアラビアのファイサル・ビン・ハサン・トゥラード国連ジュネーヴ欧州本部大使が国連人権理事会の独立専門家会議議長に任命されたが、サウジアラビアがイエメンを空爆するなかでのこの人選には多くの疑問の声が人権団体などからあがった。

サウジアラビアなど湾岸アラブ諸国は米国やイギリスの軍需産業にとって重要な「顧客」で、こうした欧米の軍需産業の意向も、欧米諸国政府を沈黙させている。二〇一五年一〇月一九日、「ノルウェー難民評議会（ＮＲＣ）」など世界的に著名な人権団体は、国連安保理にイエメンでの戦争犯罪を調査することを要求した。

5　湾岸情勢の展望と日本への提言

石油価格の下落が続けば、石油に依存してきたサウジアラビアの経済に大きな影響が出ることは間違いなく、サウジアラビアは、現在のサルマーン国王まで初代国王アブドゥル・アズィーズ・イブン・サウードの息子たちが王位を継承してきたが、いずれ王政も世代交代となり、それも政治の不安定の要因となる可能性がある。また、シェール・ガスの産出や輸出があっても、米国には武器輸出先としての湾岸諸国の重要性が低下することはなく、米国は引き続きこの地域に関心を抱いていくだろう。

イギリス、フランスなどヨーロッパ諸国もサウジアラビアやUAEなどアラブ湾岸諸国に、またロシアはイランに対して武器輸出の関心を変えることはなく、これがこの地域の政治の不安定を継続させる可能性がある。米欧やロシアの武器輸出などによって軍拡競争が継続し、特にサウジアラビア主導で行なわれるイエメン空爆による犠牲者を増加させ、また「イスラーム国」対策として米国がイラクに大量に供与する武器・弾薬は地域に拡散し、「イスラーム国」などをめぐる紛争や暴力をいっそう激化させる懸念がある。

湾岸の安定のために日本ができる選択肢は多くないが、ドイツが中心になって二〇一五年「イスラーム国」から解放されたイラク・ティクリートのインフラ復興に警察力、学校、電力、水道の整備が行なわれた結果、およそ一五万人の住民たちが帰還した。軍事的に「イスラーム国」から解放された地域の復興には日本にも貢献可能なことがあるだろう。イランについては、日本は穏健なロウハーニー政権の後押しとなるような経済交流を進め、保守強硬派が台頭し、他のアラブ諸国とさらなる軋轢を起こすのを抑制することに貢献すべきだろう。イエメン空爆などの人権侵害についてはヨーロッパ諸国などと協力し、市民が犠牲になることを防ぐための努力をしていくことが求められている。好意的に受け取られる関与を行ない、日本のイメージを高めることが、日本人がこの地域での安全を確実にすることになることはまぎれもない。

（イスラム政治史、国際政治）

［注］
＊1　http://blog.goo.ne.jp/taraoaks624/e/5a8f887a46353377183117f57b0b4016
＊2　http://www.theguardian.com/world/2015/mar/09/saudi-arabia-becomes-worlds-biggest-arms-importer
＊3　http://www.globalsecurity.org/military/library/report/2013/sigir-learning-from-iraq.pdf
＊4　Stephan Walt, "What Should We Do if the Islamic State Wins?," Foreign Policy, June 10, 2015
http://foreignpolicy.com/2015/06/10/what-should-we-do-if-isis-islamic-state-wins-containment/

第9章

ISの海外展開と「対テロ戦争」の限界

佐原　徹哉

1 「前例のない脅威」

本年一月に公表された報告書のなかで、国連事務総長は、ＩＳＩＬ（以下、ＩＳと略記）がメソポタミア以外の地域に急速に拡大しており、世界の平和と安全保障にとって前例のない脅威となっていると警告した（S/2016/92）。ＩＳの影響はアフリカの北部と西部、中東全域、南アジア、さらには東南アジアにまで及んでおり、いずれの地域でも急激にプレゼンスを高めている。ここでは、ＩＳの拡大に対してわれわれがどのように対処すべきかを考えてみたい。

ＩＳは二〇一四年秋頃から、シリアとイラク以外の地域での活動を強化し始め、各地のジハード主義者組織に合流を呼びかけている。そのなかからＩＳの「カリフ」に忠誠を誓うものを海外支部とし、その活動地域を属州と称している。こうした属州は西アフリカから中央アジアまで及んでおり、その数は一一以上に及んでいる。ＩＳはイスラーム世界の統一を唱えているが、彼らの軍事力ではシリア・イラクから攻め込んで周辺の国々を征服するのは不可能であり、属州の拡大はＩＳの世界戦略の要となると思われる。国連事務総長が「前例のない脅威」と表現したのも、こうした戦術が見過ごせないレベルで進んでいるからだと推測される。

ＩＳの属州は「ハラマイン州」「ナジュド州」（いずれもサウジアラビア）や「コーカサス州」（ロシア連邦）のように、「州」とは名ばかりの単なるテロリスト地下組織の集合体にすぎないものから、「西アフリカ州」（ナイジェリアとカメルーン）や「トリポリ州」（リビア）のように、かなり広い領域を実効支配し、恒常的な軍事・行政機構を備えるものまで、その実態は多様である。だが、「シナイ州」（エジプト）や「イエメン州」のように、テロリストの地下組織が力をつけ、領域支配を拡大し始めている場所も少なからずあり、その数が着実に増えている趨勢に鑑みると、属州戦術に対する抜本的な方策を講じなければ、世界中にＩＳの飛び地が増殖してゆくという悪夢のシナリオが現実のものとなる可能性は否定できない。

これまでの例を見ると、ＩＳの属州の拡大には二つのパターンがあることがわかる。一つは、「西アフリカ州」や「ホラサン州」（アフガニスタンとパキスタンおよび中央アジア）のモデルであり、ここではＩＳの出現以前からジハード主義者が領域支配を行なっていたところに、ＩＳの支持者が台頭し、既存の支配地域をＩＳ本体に合流させたものだ。「西アフリカ州」の母体は、ナイジェリアを中心に活動する「ボコ・ハラム」であり、「ホラサン州」の場合は、タリバン（ターリバーン）とパキスタン・タリバン運動の一部である。

2　ジハード主義者の領域国家とＩＳ

ジハード主義者が領域支配を行なうことは、すでに一九八〇年代末から見られる現象で中央アジアから北アフリカにかけて過去二五年間で二〇ほどの例をあげることができる。その多くは、一握りの村々を一時的に支配しただけだったが、アフガニスタンのタリバンとソマリアのアッ・シャバーブは例外で、首都を含む複数の都市を支配下におき、広大な領域を原初的ながらも一定の秩序をもった軍事・行政機構によって、長期間にわたって統治した。

ＩＳもこうしたジハード主義者領域国家の一つであると言えるが、過去の例がいずれも特定の国家の国境線の内部にとどまっていたのに対して、ＩＳは国境に限定されない超域性をもっており、過去の例とは比較にならないほどに支配地域を拡大してきた。つまり、ＩＳ以前のジハード主義者領域国家は、政治的混乱や経済危機といった特定の地域に固有の条件のなかで生まれたが、同時に、そうした条件を備えた領域を越えて広がることはできない、あくまで地域限定的な現象であったのに対して、ＩＳは早い段階からこの制約を乗り越えていたと言える。先に紹介した国連の報告書でも「ＩＳＩＬが出現したのは、イラクとシリア・アラブ共和国で長く続く紛争と、その結果として生じた政治不安と治安の悪化、ならびに、国家機構の弱体化と両国が領土と国境を実効的に支配できなくなったためである」という表現で、既存の統治機構の機能低下が一因だとしつつ、同時に、「ＩＳＩＬはまた国際的な組織犯罪に関与する個人や集団との関係にも恩恵を受けている」ことを重視し、内的条件に外部資源を組み合わせたことがＩＳ拡大の主要因であると指摘している。そして現在では、「紛争をイラクとシリアの外に拡大する」ためにその国際的ネットワークを動かしている。つまり、ＩＳは地域的な条件に加えて、外部から流入する資源（武器・資金・戦闘員等）を結びつけた新しいジハード主義者領域支配モデルをつくることに成功し、今度はそれを輸出し始めているのだ。国連の報告書によると、二〇一五年一二月段階で三四のジハード主義組織がＩＳに忠誠を誓っており、ＩＳをモデルとした「国づくり」を始めているという。

こうした輸出による勢力拡大の典型例がリビアである。リビアでは、二〇一一年にカダフィー体制が倒れたのち、無政府状態が広がっていたが、二〇一四年夏からＩＳ支持を掲げる勢力が台頭し始め、「トリポリ州」「キレナイカ州」「フェザーン州」という三つの属州の樹立を宣言した。リビアのケースで特筆すべきは、ここではＩＳの受け皿となる組織があらかじめ存在していたわけではなく、シリアやイラクで戦っていたリビア出身者が帰国してＩＳの領域支配モデルを適用して一定の成功を収めていることである。国連もこうしたケースが増えることを危惧しており、「二〇一六年にもＩＳＩＬの支部とメンバーが増加すると予想されるが、これらの集団はＩＳＩＬの戦術を模倣した攻撃を行なっており、深く懸念すべき事態である」と述べている。

この「深く懸念すべき事態」の今後の展開は次のように予想される。従来のジハード主義者領域国家は、帝国主義の侵略戦争（アフガン、イラク、リビア）あるいは冷戦期の代理戦争（ソマリア、イエメン）などによって国家の統治能力が低下し、武装集団が跳梁《ちょうりょう》跋扈《ばっこ》する状況を利用して出現したが、こうした条件は必ずしも紛争だけによって生まれるわけではない。同様の事態は、たとえば革命によって既存の体制が打倒された直後にも起こりうるし、大規模な災害や飢饉によって統治が麻痺することも考えられる。おそらく、最も蓋然性が高いのは、世界的な信用危機によってデフォルトを宣言する国々が相次ぎ、資本と商品の流通が混乱するなかで暴動が頻発するなどして統治が麻痺することである。こうした状況が発生すると、法の支配が喪失するだけでなく、社会の自律的な紛争回避メカニズムが行き詰まり、新たな均衡を作り出すために暴力が行使されることになる。近年の傾向では、こうした暴力はパラミリタリー（民兵、非正規軍事組織）が担うことが多く、ムスリムが多数を占める地域ではジハード主義者が優勢になるようである。また、パラミリタリーが登場すると既存の秩序の崩壊が加速されるので、新たな均衡が生まれるまでは混乱と暴力が極度にエスカレートする。逆に言えば、ジハード主義者がパラミリタリーとして活動し始めることで、統治が麻痺し、領域国家を樹立する条件が整うとも言える。イラクやシリアで起こったことはむしろこのパターンであった。国際的に連帯したジハード主義者が各地でパラミリタリーとして登場し、資本主義の危機を深化させつつ、西アフリカから東アジアにかけて次々とＩＳの飛び地を広げてゆくのが現実となるかもしれない。

3 「対テロ戦争」の限界と新たなモデル

そうした事態を避けるためには何が必要だろうか。アメリカが主導する六〇か国の「有志連合」が一年以上も空爆を続けてもISを押さえ込めないように、軍事的解決は有効ではない。地上軍の支援を受けない空爆が無意味なことはベトナム戦争以来繰り返し指摘されてきたことだし、空爆によって住民の生活が破壊されるとISの支持者はますます増えてゆく。さらに、仮にISをシリアとイラクから一掃することができたとしても、国外に広がった飛び地をすべて潰すことはできない。もし、国連が危惧するようにISの増殖が続くとすれば、シリアとイラクで現在行なわれているのと同様の作戦を世界中で繰り広げねばならなくなるだろう。そうなれば、途方もない資金と人員を投入する必要が出てくる。

ISの本質が国際的なテロリストのネットワークであることを考えると、その脅威に対抗するには、軍事力による制圧ではなく、ネットワーク自体を解体するほうが効率的である。ISに流れ込む資金を凍結し、武器・弾薬の密輸ルートを遮断し、戦闘員の往来を阻むことができれば、その勢力は徐々に衰退してゆくだろう。そうなれば、シリアとイラクの治安機構がISを鎮圧するのも容易となる。もちろん、それには両国の軍事・行政・警察機構がきちんと機能することが必要であり、シリアとイラク双方をガバナンス面で支えてゆく必要がある。言い換えれば、ジハード主義者の脅威にさらされている国々の統治能力を向上させ、そうした国々が相互に協力してジハード主義者が自由に国境を越えて活動できなくさせることが、ＩＳに対する最も有効な対策なのである。

筆者がこう主張するには根拠がある。現在、シリアとイラクが経験しているのと同様の脅威をかつて経験した国々がある。アフガニスタンに隣接する旧ソ連の中央アジア諸国である。これらの国々はソ連の解体によって一夜にして独立国となったが、そのいずれもが国家とは名ばかりであり、法体系も行政機構も軍・警察も未整備で、国境管理は手つかずの「破綻国家」だった。加えて、これらの国々ではソ連解体によって従来の経済システムが崩壊し、急速に窮乏化が進行していた。国民の多数がムスリムであったことも状況を悪化させた。サウジやトルコから過激なイスラーム思想が流入して若者たちの不満を吸収するとともに、アフガンやパキスタンで活動するジハード主義者の影響を受けたグループが破壊活動や内戦を仕掛けてきた。こうした悪条件が重なってはいたものの、中央アジア諸国はジハード主義者による領域支配を防ぐことができたし、現在でも、その脅威を水際で食い止めることができている。

一九九〇年代にウズベキスタン・イスラーム運動などの活動に手を焼いていた中央アジア諸国は、ジハード主義者の国際ネットワークに一国では対応しきれないと感じていた。同じ頃、中国も新疆ウイグル地区で「東トルキスタン・イスラーム運動」などの過激派組織の活動に悩まされていたし、ロシアもチェチェン独立派がアル・カーイダの仲介でアフガンのジハード主義者と結びついたことに脅威を感じていた。両国は、中央アジア諸国がジハード主義者に征服されれば、自国の安全保障にとって計り知れない脅威となると考えた。こうした事情から、一九九六年四月に、ロシア、中国、カザフスタン、キルギスタン、タジキスタンの五か国が上海に集まり、「テロリズム、狂信主義、分離主義」の「三悪」と戦うための地域フォーラムとして「上海ファイブ」を結成した。二〇〇〇年四月にはカザフスタン、キルギスタン、タジキスタン、ウズベキスタンが「テロリズム、政治的宗教的過激思想、国際的組織犯罪と戦う共同行動」条約を締結し、中央アジア諸国内部でもテロと戦うための域内協力の基礎がつくられた。この二つの流れが合流するかたちで、二〇〇一年六月には上海協力機構が発足した。

上海協力機構は「テロリズム、分離主義、過激思想に対抗する上海議定書」に基づいて、翌年にはサンクト・ペテルブルク憲章を採択し、恒常的な機能をもつ地域機構となった。憲章は、上海協力機構の目的を「地域内の平和と秩序と安定のために各国が協力」することと定めており、その主たる活動はジハード主義者のテロを封じ込めることであった。そのための機関として「反テロ地域機構（RATS）」がタシケントに設置され、テロ組織とそのメンバーの情報共有に始まって、テロ組織を取り締まるための法制度の共通化、国境管理の相互協力、各国が連携した捜査・摘発作戦が進んだ。その成果は明らかで、アメリカによるアフガン侵略という不安定材料にもかかわらず、ジハード主義者の脅威はいずれの国でも減少し、少なくとも、加盟国が自力で国内のテロ活動に対処できる程度にまで押さえ込むことができている。

上海協力機構はその後、政治的な機能を強化し、さらには経済協力の枠組みへと発展しているが、その出発点は、テロに対する共同行動であり、そこで培われた信頼がのちの協力拡大を支えている。上海協力機構の対テロ対策の基本原則は、各国の主権の尊重と内政不干渉であり、テロとの戦いとその取り締まりは個々の国が独自の判断で行なうことになっている。それにもかかわらず、効果が上がっているのは、機構がテロに対する明確な定義をもっているからだ。加盟国はテロ組織とそのメンバーのリストを共有することができ、テロリストが隣国に避難場所や活動拠点を築けなくしている。内政不干渉と機能主義的な連携に基づく上海協力機構の対テロ対策は、アメリカが進める「対テロ戦争」とは根本的に異なる思想と戦術に基づいていると言える。後者が、軍事力を行使した場当たり的な対処法だとすれば、上海協力機構のそれは警察力を主とした継続的・体系的な対処法であり、どちらが合理的であるかは明らかだろう。

ジハード主義者のテロ活動はほとんどの場合、少数の武装勢力によるもので、大衆的基盤はない。しかし、外国がジハード主義者に協力すると、その取り締まりは困難となる。ジハード主義者はテロ支援国家を通じて武器や資金を手に入れることができ、取り締まりを逃れるための避難場所も確保でき、安全な場所から国内の休眠細胞に指示を出すこともできるからだ。

4　ロシアのシリア介入

ＩＳの出現は、途方もない規模のテロ支援国家が生まれたことを意味しており、急速に属州が拡大する理由もここにある。ＩＳが拡大するならば、その影響は上海協力機構の加盟諸国にも深刻なかたちで及ぶだろう。ロシアがシリア政府の要請を受け入れ、空軍を中心とした支援を開始したのも、こうした懸念が背景にあったのは間違いない。

ロシアの支援が開始されると、シリア内戦の様相が大きく変わり、これまで隠されてきた問題が白日のもとにさらされることになった。端的に言えば、それはアメリカの「対テロ戦争」の欺瞞であり、世論の無関心と主要メディアの無知によって守られてきた嘘が暴かれたのである。

ロシアはまず、ＲＡＴＳをモデルに関係諸国（イラン、イラク、シリア）の対テロ情報共有のためのメカニズムをバグダードに設置し、のちに、ヨルダンもこれに加わった。これがシリア国内のジハード主義者の拠点や密輸ルートの粉砕に大いに役立つことになった。たとえば、ＩＳが盗掘した原油がトルコ経由で国際市場に流れていることは周知の事実であるが、アメリカと「有志連合」はそれを叩くことはなかった。トルコ政府がＩＳのスポンサーであり、密輸に使われるトラックの運転手がトルコ国籍の民間人だったからだ。だが、ロシアが密輸トラックを破壊したことでＩＳの補給路は寸断され、同時に、トルコの関与が誰の目にも明らかとなった。

この例が示すように、「有志連合」にはテロ組織に対する共通の認識がないため、「対テロ戦争」と「テロ支援」が同時に進行している。たとえば、ヌスラ戦線とＩＳは一心同体であるため、アメリカはヌスラ戦線をテロ組織とし、ＩＳと戦うクルド人の人民防衛隊（ＹＰＧ）を支援している。一方、トルコはヌスラ戦線はテロ組織ではなく、ＹＰＧがテロ組織だと主張している。その結果、トルコはヌスラ戦線に武器・弾薬を与えてＹＰＧを攻撃し、ＩＳを盛り立てている。一方、アメリカの支援によってＹＰＧが強大化しつつあり、トルコ国内ではクルド人の抵抗運動が激化している。同盟国であるアメリカとトルコの間に「テロ組織」に対する共通認識がないための混乱と言えよう。

ロシアのシリア介入は内政不干渉の原則も堅持している。ロシアはシリア政府を正式な政権として承認しているが、反体制派を一様にテロリストとみなしているわけではなく、シリアの将来はシリア国民が決めるべきだとの姿勢を貫いている。これもアサド大統領の退陣にこだわった結果、ＩＳを肥大化させてしまった欧米の姿勢とは好対照をなしている。さらに、ロシアはイラク領内での軍事作戦は行なっていない。ＩＳの一方の拠点がイラクにあるので、この方針は作戦の有効性を損なうものだが、イラクへの内政干渉にあたる行為は行なわない原則を維持している。これも、何の根拠もなくシリア領内で軍事活動を行なう「有志連合」とは対照的だ。

このように、ロシアがシリアで行なったのは、上海協力機構の対テロ対策のノウハウをメソポタミアに持ち込むことであった。その意味で、現在の状況は、アメリカ流の「対テロ戦争」とロシア流の現実主義的テロ対策がシリアを舞台にしのぎを削っているとも言える。後者に利があるのは、昨年秋に始まったウィーン・プロセスが軌道に乗り、アメリカがロシアに擦り寄っている姿を見ても明らかであろう。ジュネーヴ会議の行方は、ＩＳを支援し、アサド政権打倒に固執するトルコとサウジが妨害工作を続けているため、楽観視はできないが、アサド政権を中心とした反ジハード主義国民戦線を確立できない限り、ＩＳを倒すことができないことはアメリカ政府もわかっているので、遅かれ早かれ、その方向で政治決着が図られるのではないか。

5　流動化する世界情勢とわれわれの課題

ＩＳの脅威がグローバル化するにつれて、「対テロ戦争」は各地で断念され、現実的なテロ対策に取って代わられることになるだろう。ＩＳ、およびその基盤であるジハード主義者のネットワークを解体するにはそれ以外の道はないからだ。だが、それは同時に、既存のアメリカの世界戦略の転換を意味しており、付随的な混乱が起こるであろうことも想像に難くない。シリア和平が実現した場合に想定される事態を紹介することで、この構造調整の厄介さを説明したい。

ジュネーヴ会議で想定されている内戦解決のシナリオは、早期選挙を実施して、アサド政権を国際的に承認し、ＩＳと戦う挙国一致体制を構築することである。その過程で、ＩＳとは別組織であるとの建前で保護されてきた有象無象のジハード主義組織は切り捨てられることになる。こうしたジハード主義組織を支援してきたトルコ、サウジ、カタルなども政策転換を迫られるが、その際、これらの国々の体制が窮地に陥る可能性は否定できない。特に深刻なのはトルコである。

トルコはシリア内戦初期からジハード主義者を支援し、ヌスラ戦線やＩＳを育ててきた。その結果、トルコの現政権とジハード主義者は相互依存関係に陥ってしまった。現在、トルコの与党、公正発展党はクルド人を挑発し、内戦を引き起こしているが、ジハード主義者はクルド人と戦う同盟者に位置づけられてもいる。トルコがアメリカの圧力でジハード主義者と手を切れば、トルコ国内に彼らの飛び地ができるであろうし、内戦がトルコ全土に拡大し、収拾のつかない事態になるだろう。シリア内戦の後に、さらに大規模なトルコ内戦が始まることが懸念される。

このように、ＩＳの登場によって世界の流動化は加速しており、従来アメリカが掲げてきた安全保障のモデルは通用しなくなっている。それゆえ、戦後一貫してアメリカに追随してきた日本の安全保障のあり方も大きく変わらねばならない。もし、それができなければ、安保法制によって海外展開することになる「自衛隊」が直面する現実は、複雑怪奇で終わりのない戦争であろう。

（紛争研究、中東・東欧現代史）

第10章

なぜ、「イスラーム国（IS）」と呼ばれるべきではないのか？

中東融解とダーイシュの帝国主義補完機能をめぐって

鈴木 規夫

1 名の秩序を正す

ホモロクエンス（言語をもち使用するもの）としての人間の政治世界は〈名〉で成り立っている。『論語』子路第一三の三の有名な一節にも、政治を為すなら、まず「名の秩序を正す」として、孔子は次のように説明する。もし「名の秩序」が正しくなければ言葉の意味は混乱する。言葉の意味が混乱すれば何事もできなくなる。何事もできなければ礼楽（礼儀や音楽）も盛んになることはない。礼楽が盛んでなければ刑罰をもって公正に人を裁くことはできない。刑罰が公正でなければ人びとは安心して体を休めることもできなくなってしまう……。

われわれは、ある種の秩序が融解していく過程の現代世界にある。そうであればこそなお、名の秩序を正すことにより、敏感であってあり過ぎることはない。

たとえば、「安保法制」なるものはどうか。戦争実施のための法的整備を行なうという意味においてその名が正されていないのであるならば、それら関係諸法それ自体に嘘とデタラメが常態化し、法の機能は自らを喪失して現実の秩序実態はことごとく乱れていくことになる。そして、事実そうなっている。法制定者自身がどのような法を成り立たせたのか理解していないからである。

また、「安保法制」とリンクして、「アメリカ占領軍に押しつけられた憲法であるから日本国憲法は改憲しなければならない」、という主張も繰り返されている。その主張の動機は、当のアメリカにおける政治権力の変質によって生じた世界軍事戦略の変更に追従することにある。「安保法制」のどれ一つとっても、日本の自衛隊をはじめとした諸機構がアメリカ軍へ組み込まれることを「合法化」し、その合理化の果てに日本国憲法の改悪があるとするなら、現在「アメリカに押しつけられている」のは、皮肉なことに憲法改悪であることになるだろう。多重に絡み合った政治的意図と目的との錯綜によって、政権自体は、自分たちが何を為そうとしているのか認識できず自己欺瞞に陥ってしまう。このように、政治状況の収束ではなく、逆に秩序を崩壊させ、混乱を持続させようとするには、名を乱すことがきわめて効果的なのである。

さらに、アメリカの軍産複合体とリンクしたアジアへの「リバランス」のさらなる「リバランス」(中東からアジアへそしてまた中東へといった軍事的シフト転換の迷走)とも言える、中東諸国家体制秩序(一九六〇年代以降形成されていた中東における国家間関係の力関係を反映した一定の微かな均衡)の融解状況を象徴するのが、いわゆる「イスラーム国」という名にほかならない。これをめぐる錯綜にも未必の故意が組み込まれている。それは多重の錯誤によるさまざまな欺瞞を拡大する。そして、その欺瞞は実は中東地域それ自体の問題ではなく、ネイション・ステイト・システム、国際金融システムが機能不全に陥っているという、世界システム全体の問題に及ぶ。この「イスラーム国」という表現がもたらす欺瞞性は、いわばわれわれの現代世界認識それ自体をさらなる欺瞞へと導くのである。

たとえば、バチカン市国は「キリスト教国」と表現されはしない。ただ、「イスラーム国」という表現は、バチカン市国とのアナロジーが機能するかのごとくに錯覚させ、イスラーム全体を何がしかの方向へ表象するのに都合よく機能する。この術策に人びとは容易にはまり、さらに、バチカン＝カソリック＝クリスティアンの総体といった、それ自体正確ではないイメージとイスラームとが折重なり合わせられることによって、その効果は相乗化する。ここで、なぜ、いわゆる「イスラーム国」をそのように呼ぶべきでないのか、再確認しておくことにしよう。

2　なぜ、いわゆる「イスラーム国」はダーイシュと呼ばれるべきなのか

まず、アラビア語の「ダウラ」が英語の「ステイト」に変換され、それがさらに中国語や日本語の「国」へと変換されていく過程で、もともと現代世界におけるネイション・ステイト・システムの不分明な領域はさらに曖昧化される。この翻訳過程は、〈西洋の衝撃〉後の諸言語における概念装置の変

換過程で起こった出来事を、逆に再現するものとなっている。ダーイシュの「主張」のようなものは、もともとそうした〈西洋の衝撃〉の軛《くびき》からの解放にある。だが、皮肉なことに、彼らは自ら「ステイト」に再拘束されたがっていることを端なくも表明しているわけである。

さらに、一般に国家システムでは統治不能となった地域を武装した集団が占拠したからといって、その武装解除の動きを主権国家間の戦争とは呼ばない。しかし、多国籍の軍事力による「イスラーム国」への「空爆」などの動きは、あたかもそれが「国家間戦争」の規模をもつものであるかのように擬装され、関与各国の軍事力の強化を都合よく正当化していく。本質的非対称性に依拠したこの正当化は、さまざまなメディアを介してテロ集団が特定の組織に属するメンバーだけではなく外部との境界線の明確でない環境でイメージされることとあいまって、国家でも社会的に認知された組織でもない、象徴的な集団やカテゴリーにおいて世界規模の戦争が構成されていくイメージの形成へも拡張されている。すでに「テロとの戦い」という概念をいったん放棄しているオバマ政権も、このイスラーム「国」を設定することで、ブッシュ政権が拡大させた「テロとの戦い」なるものを事実上補完維持しているのである。

第三に、いわゆる「イスラーム国」という名は〈イスラモフォビア（イスラーム恐怖症）〉を具体的に拡散助長する。

よく知られている第二次世界大戦直後のアメリカの心理学者ゴードン・W・オールポートたちの研

究[*1]によれば、自分が直接知らない対象についての噂は、その対象への先人観と一致した内容のみが人びとの口にのぼり伝えられていく傾向があり、偏見はそれをもつ側が思い描いたことを現実化する傾向も併せもつという。この約七〇年前の指摘どおり、実際いわゆる「イスラーム国」において具体的に展開されている残虐行為やさまざまな犯罪事件の展開は、まさにそれらと欧米諸地域に拡張しつつある〈イスラモフォビア〉との共鳴リンクによって構成されている。イスラーム圏においてそうした残虐性がこれまで存在したかどうかではなく、そのようにおぞましく恐れられ慄《おのの》くものとして欧米諸国内においてすでにあるイメージが、「イスラームの名のもとに」反復され、人の集団が互いにいがみ合う現象を新たに構築し再生産しているのである。

その意味で、彼らのアラビア語表記による名称の略称が共示する内容は実に皮肉である。アラビア語の ad-Dawlah al-Islāmiyah fī al-`Irāq wash-Shām（イラクとシャーム［歴史的シリア］におけるイスラーム国）の略称が「ダーイシュ」となるが、この省略語の音は、「踏みつけて破壊する者」という意味の「dâes」や、「不和の原因となる者」という意味の言葉と似ている。彼らが世界政治において機能している役割の、ネガティヴなニュアンスをもつその性格を、端なくも率直に表現してしまっているのである。そのため、当人たちは「ダーイシュ」と彼らを呼ぶ者の舌を切り落とすとまで脅している。それだけ自らの位置と役割を逆説的に自覚しているのだとも言えよう。

3　エヴァンジェリストと共有される〈終末〉

そもそも、現在のように中東が融解状況に陥ってしまった原因は何か。それがイスラエルをめぐる問題やリーマン・ショック以降の世界金融メルトダウン・プロセスの一環などにあることは言うまでもない。だが、そこにはたんなる資源争奪をめぐる以上の要因があるのではないか。石油利権とも直接かかわるイラクはともかく、もともと資源の乏しいシリアに、現況のような混沌状況が生み出され、いまだに収束できないでいるのは、経済権益だけではなく、何らかのこの地域の戦略的ロケーションとしての重要性があるように考えうる。その場合、戦略性とは、軍事的であることもさることながら、むしろそこにはイデオロギー的動員の問題がある。

融解する中東情勢のなかからダーイシュが立ち現れてきた背景に、ある種の〈終末論〉があることは、すでによく人口に膾炙している。それはダーイシュの重要なイデオロギー的特徴の一つであり、その広報誌のタイトルが『ダービク』であることにも端的にうかがい知ることができる。つまり、ハディース（ムハンマドと教友たちの言行を記した伝承）に、シリアの町ダービク（Dabiq）において八〇の軍旗を掲げた異教徒の軍勢とイスラームの軍勢との終末論的な戦いが起こり、反キリストであるダッジャール（偽救世主）が、四〇年あるいは四〇日間地上を支配するものの、再臨するイーサー（イエス）に殺害され、さらにはマハディー（救世主）が現れ審判が行なわれる、というダーイシュの依拠する黙示録的予言がある。[*2] 彼らの終末イメージを『ダービク』は端的に表出しているのだが、実はこの〈終末論〉においても、ダーイシュと帝国主義とは相補的な関係にある。

中東地域を融解させてしまう戦争状況の継続化が何に由来するのか特定するのはむろん難しいが、そのなかの有力な要因として、アメリカ国内政治勢力（福音主義的キリスト教原理主義がそれに深く関与しているものとして想定されるが）にある種の〈ハルマゲドン〉幻想が存在することは、つとによく知られている。ダーイシュの〈ダービク〉幻想はその〈ハルマゲドン〉幻想と相呼応する。むしろ、アメリカにおける福音主義的キリスト教原理主義のネオリベラリズムと呼応した〈ハルマゲドン〉幻想の現れの一つとして、ダーイシュ〈ダービク〉幻想があると考えたほうが合理的かもしれない。

むろん、これをたんなる「陰謀論」的文脈で議論してもあまり意味はない。ただ、一見すると別々の文脈により構成されている〈終末論〉も、実はそれらが相補的に構築されている言説である可能性がある。これを分析していくことには十分な意味があろう。それぞれの〈終末論〉が目的とするところは、結果として同一であり、その同一の結果を導くために、メディアをはじめさまざまなネットワークを活用した〈物語〉の構築がなされていること自体、一つの現実だからである。

ちなみに、福音主義的な〈終末〉と呼ばれる最後の時代区分では、ほぼ聖パウロの「テッサロニケ人への第一の手紙」に依拠し、まず携挙（Rapture）がやってきて、そのときに生きている教会の敬虔なメンバーをキリストがこの世の外部へと「夜中の盗人のように」連れ去り、その大量消失事件に続いて、大艱難（Tribulation）、地上に残された人びとが被る七年に及ぶ恐るべき苦難が起こって、最後にキリストの正式の再臨が起こり、千年にわたって世界を統治するということになっている。

福音主義的原理主義とダーイシュとの〈終末論〉の相補性を考えるには、なぜ、イスラームはネオリベラリズムの〈敵〉（そしてそれは必要不可欠にして作為される敵でもある）とされるのかをまず考えておく必要があるだろう。たとえばスーザン・ジョージは、現代アメリカのネオリベラリズム、新保守主義は、基本的にキリスト教原理主義を基礎としているとし、ブッシュ政権下のアメリカの政治は劣化し、急進的キリスト教右派はアメリカ型ファシズムの萌芽となっていることを端的に指摘し、今日のアメリカ政治において宗教的信念が果たしている役割と、より非合理的で時には奇怪な勢力が、アメリカ国民とその政府のかなりの部分を支配してしまっている事態について説明している。[*3] オバマ政権下においても主要政府機構にそうしたイメージをもった組織構成員がアメリカ政府を構成しているのであれば、事態は大きく変わるものではない。

彼女によれば、ゲイリー・フレイザー、エド・ヒンソン、ティム・ラヘイといった影響力のある説教師の発言に見られるように、彼らはムスリムの究極的な意図が、自分たちの宗教をわれわれ全員に押しつけることであり、イスラエルでの恐るべき最終戦争は不可避である、としている。特に、右翼指導者の秘密クラブである国家政策評議会（CNF）の初代議長で、「過去二五年間においてアメリカの福音派で最も影響力ある人物」である説教師のティム・ラヘイは、その政策目標に合衆国憲法修正第一条廃止を掲げ、彼らの言う〈ハルマゲドン〉に備えるため、アメリカ合衆国が「国教」により統治される神政政治となり、聖書が国の最高法規となるべきだと考えているという。ラヘイは、真のキリスト教徒は、それまでに、あらゆる世俗機関を征服することを神に命じられているとし、実際、その影響を受けた人びとが政府機関の要職に就く計画は、目的意識的に今なお進行中である。

ムスリムがアメリカのキリスト教右派の〈敵〉に仕立て上げられるのは、実は彼らの考える「キリストの再臨」の条件として、イスラエル国家が「聖書の地」、つまり現在の中東の大部分の地域を支配する必要があるからにほかならない。そのプロセスは、次のようなシナリオによって示される。すなわち、現在エルサレムの岩のドームとアル・アクサー・モスクによって「異教徒」に占拠されている土地に、「第三寺院」が再建され、それに抗して反キリスト者の軍勢がエルサレムに総攻撃をしかけてきて、その戦争がついにはハルマゲドンの谷での最後の大詰めを迎えることになり、ユダヤ教徒は焼かれるかキリスト教徒に改宗し、そのときついにメシアが地上に再臨する……。

そもそも資源簒奪の帝国主義的目的だけであれば、イスラエル国家をアメリカが支援し、イラクを無秩序状態にさらし、イランをイスラエルが核攻撃するよう仕向けるなどといった、非合理的展開にあまり大きな意味があるとは言えない。終末イメージがアメリカのキリスト教右派に形成された契機は、冷戦であった。かつての強硬な反共主義者は今では「テロとのグローバルな戦い」の頑固な支持者であり、この「テロとのグローバルな戦い」は冷戦の実に便利な代替物となっている。だが、現代世界における非対称的関係を無視してこれをあまり過大評価することはできない。とはいえ、ダーイシュがそうした非合理性を誘導する要因として、一定の役割を果たそうとしていることは明白である。彼らのものであると言われているグローバルなテロリズム・システムも、その大部分は、ある意味で〈ハルマゲドン〉シナリオが設《しつら》えたものであることを看過すべきではない。アル・カーイダやダーイシュといった一連の動きは自生的であるというより、あくまでアメリカにおけるネオコンの動きなどと相即的に連動して派生していると考えるべきであろう。[*4]

（政治哲学、イスラーム研究）

［注］

＊1 Gordon W. Allport and Leo Postman, *The Psychology of Rumor*, 1947.

＊2 http://www.clarionproject.org/news/islamic-state-isis-isil-propaganda-magazine-dabiq#

＊3 Susan George, *Hijacking America: How the Secular and Religious Right Changed What Americans Think*, Polity, 2008.

＊4 『テロとの戦いの真相』(The Power of Nightmares: The Rise of the Politics of Fear, BBC, 2004) 参照。

第III部

日本の軍事大国化と中東

2005年12月4日、イラク南部ルメイサで群集に包囲・投石される自衛隊車両（提供：朝日新聞社）

イスラエル占領下のヨルダン川西岸の検問所。アメリカをはじめとする先進諸国の「援助」は、こうした検問所の検査装置設置に充てられることもある（撮影者：小田切拓氏、2015年）

第11章

中東では軍事よりソフト・パワーで
「いつか来た道」と「対米従属」

水谷　周

1 「いつか来た道」？

日本は下手をするとまた「いつか来た道」をたどるのではないかという懸念がある。今回の安保法制を「戦争法案」と称して反対する人たちの多くに共有されている感覚である。現時点で考えておかなければならないのは、大局的な国家や国民の動向には文化のパターンが観察されることがしばしばあることだ。

「戦前戻り」と言われる事象をいくつか例示しよう。NHK会長は「政府が右というのに、左と言えるはずがない」と公言してはばからない。「反安倍報道の一掃作戦」という見出しも見られるが、安倍晋三首相は特定の外交評論家を名指しで「自分は彼を信用しない」と発言した。内容の議論ではなく正面からの口封じである。元外務次官が沖縄返還のとき、日本への核持ち込みを認める日米密約があったと暴露したが、それからしばらくして特定秘密保護法が成立した。また道徳教育が教科化された。皇族関連番組が増えて、親密な姿が新聞やテレビにしきりに登場するようになった。

こうして思想の統一、愛国心強要と道徳教育の強制へと発展し、そうなる頃には沈黙の文化が広まり大勢に同調する風潮が支配するのではないか、それとともに軍事力の行使と天皇の利用もしきりとなる、およそ戦前の流れをたどればこのような具合であった。何かおかしいなと思いながらも、知らない間に状況が大きく変わってしまっていたというのが太平洋戦争に突入していった経緯であったことは知られている。

安保法制の問題は、以上のような歴史的背景と政治文化的潮流という全体像のなかで把握する必要がある。歴史は繰り返すといった短絡的なことは言えないが、そういった諸力が働いているというのも事実である。

わが国には「長い物には巻かれろ」あるいは「寄らば大樹の陰」といった諺も定着している。安保法制反対の国会前のデモは戦後日本民主主義の進歩した証拠であるとして歓喜の声をあげた評論家もいたようだ。これからは正しくこの点が問われ、一人ひとりの覚悟と民度がチェックされる場面が増えるのだろう。そして二〇一六年夏、参議院選挙という重要な権利行使の場が予定されている。歴史が国民を見ているということになる。

2　対米依存をどこまで拡大するのか？

対米依存の体制とは何か。その第一は軍事インテリジェンスの分野で、それには人的インテリジェンスと技術インテリジェンスがある。後者は偵察衛星、サイバー工作、盗聴などである。次いで日本の防衛装備はほとんど全面的に対米依存になっている。最後は敵基地攻撃能力の欠如ということである。専守防衛が基本であるので当然の結論である。安保法制を批判して「従米法案」と呼ぶ人もいたが、法案より以前にすでに日本の防衛体制は「従米」になっていたということだ。

対米依存との関係で取り上げるべき点は、集団的自衛権と同盟国軍への後方支援の二点である。簡単に言えば仮想敵国の筆頭は中国、次いで北朝鮮である。北朝鮮が何かの間違いで日本周辺で活動する米軍に対して攻撃を仕掛ける可能性は排除できないにしても、中国が同じような突発的攻撃をすると想定されるのであろうか。北朝鮮の突発行動だけであれば、日本はむしろ共同行動をとらないほうが事態鎮静化にはいいのではないかと予想される。

従来の後方支援の「非戦闘地域」から「現に戦闘が行われていない場所」へと範囲が緩和され、戦闘地域に近い場所で支援が可能となった。しかし、後方支援中に米軍が北側から攻撃を受ければ日本の支援が停止されるので、これでは米軍にしてみれば心もとない話であり、この点では安保法制は大きな変化はもたらさないということになる。

一方、集団的自衛権発動ということで、日本の自衛隊が投入されることにより極東地域の緊張感はいっそう高まること必定である。しかも対米攻撃はまず突発的であり単発的であるとすれば、自衛隊参戦による緊張感の高まりのほうがよほど有害なのではないか。要するに軍事的に集団的自衛権はないほうが、日本周辺の事態平静化に資するということではないか。

だからそもそもこのような安保法制は必要なかったということになる。ましてやその成立の手法と自衛権解釈の拡張に違憲の疑いが大いにあるとされるなかの強行策である。そして参議院通過の最後の段階で、安保法制発動の要件として国会承認の必要性という一項が追加されたので、実際に発動される可能性は非常に小さくなったように見える。結果としては、安全だと言われて大人しいと考えた野獣を自宅の庭に飼うようなものと言えよう。

野獣をどう始末するのか、これは何か核廃棄物処理のような問題である。しかし法律は選挙で清算することは可能である。もちろん政権政党の転換から始まって既存法案の破棄というためには、その法案通過実現のために流した汗水以上のエネルギーが求められることとなり、容易なことではない。だからそれは総選挙での国民の選択に委ねられているという現状をここでは改めて強調することにとどめざるをえない。

3　軍事よりはソフト・パワーで

米国が集団的自衛権発動を求めてくる可能性がきわめて高い地域が中東である。結論から言うと、日本にとって一番の方法は中東地域を集団的自衛権の適用範囲から除外するということである。これは法律改正を必ずしもともなわないで、最後は集団的自衛権発動の国会承認にいたるところの政策論議となるが念のために記しておく。中東はそれほど日本にとっては新しい世界であり、いわば「野獣」が何時どのように飼い主である日本に対して牙をむくのかまったくおぼつかないのだ。日本の軍事行動が及ぼす複雑な余波が、どうしても読み切れない地域なのである。

昨今の日本の安保論議はアラブ各国の新聞では細かく報じられてきた。二〇一四年七月の憲法解釈の変更に関する閣議決定で、日本の集団的自衛権の行使を認めたあたりからアラブの報道ぶりは頻度を増した。そして安保法制が成立したのちの二〇一五年一〇月二四日付の『サフィール』紙（レバノン）の「日本の野心――軍事力か?」という論評記事が出た。

ここでは戦後復興と防衛面での対米依存は車の両輪であったと説明した後、種々時代の変遷があったとして米国の変化（ベトナム戦争、金本位制崩壊、冷戦終了と在太平洋米軍の縮小、在フィリピン米軍の撤収、韓国からのトマホーク核ミサイル撤去など）を軸として日本国内での国防論議の変遷を紹介（九条をめぐる解釈論議、GDP一％の防衛費上限設定など）。これからもさまざまな議論はあるにしても新安倍政権は、両院で与党が強いことと米国との良好な関係という支柱によって、一〇年ぶりに今後三年間安定した長期政権になるだろうと結論した。[*1]

本記事の特徴は、日本が対米依存によって防衛体制を敷いている事実がますます強く意識されている点である。これは事実としてはあまりに明白だとしても、それがどの程度意識されるかは時によりけりである。昨今は南沙諸島問題に光があてられる機会が多かったせいか、尖閣諸島への言及は多くはない。しかし日本は中国との勢力拮抗のために米国をますます必要としていると見ていることは間違いない。

対米関係の密接なことは中国に対しては抑止力増強でありプラスであるとしても、そのことは中東ではマイナスになるという顕著な非対称性がある。その原因は欧米諸国への中東の歴史的で根深い反発があるからだ。十字軍、植民地主義、そしてイスラーム蔑視など、いずれも怨嗟の連続である。他方ムスリムの自尊心と誇りは、アッラーに守られているということだから不動である。そしてアラブから見ての敵の友は、彼らの敵なのである。そこから引き出せる結論にあまり選択の余地はない。それは「火中の栗は拾うな」ということなのである。

蟻地獄には近づかないほうがいいに決まっている。ましてやその道案内が米国であれば、なおさらである。米国に対しては、9・11があったとしても、中国に対してはそのようなことは夢想もされないだろう。そこに中東諸国にとっての、米中がもつ意味合いの違いがあるのだ。憎まれ役を引き受けている米国の後ろから付いてまわるものも同じ敵国であるし、ましてそれはより狙いやすい標的であるかもしれない。それが日本であってはならないのである。

中東は、欧米にとっては勝手を知った裏庭のようなものであるが、日本にとってはまだまだ新世界である。そのためよく知らないで抜き足も思うにならない裏庭の沼地に足を踏み入れないほうがいいというのは、常識論以下とも言える。

欧米と中東の愛憎同伴の複雑な過去と現在について、ここは詳述する場ではない。印象論的な概略のみ記す。太古の時代、マケドニアのアレクサンドロス大王によるオリエント征服とそれに対抗するペルシアの戦いがあった。次いでローマ帝国の東方遠征などを経て、十字軍とイスラーム軍の戦いが四世紀間にわたって行なわれた。そして一六世紀、オスマン帝国の支配はバルカン半島に及びオーストリアの首都ウィーンを二度にわたり脅かした。その後は植民地主義の時代となり、二〇世紀に入ってからは欧米の橋頭堡のようにイスラエルが樹立された。加えて石油・天然ガスという巨大な利害の交錯する鉱物資源が発見、開発されて、関係諸国の関与ぶりは複雑化するばかりであった。この間、日本ならほとんど数えるほどしか見られない、中東と欧米との姻戚関係や移民や難民・流民も多様に見られることとなった。

日本と言えば、中東との本格的な関係は七〇年代の石油危機以来のものである。せいぜい半世紀弱の時間が経過したということになる。このような初心さもアラブの対日友好ムードの一端であったのかもしれないが、その反面それは日本側の読みの甘さにもなった。ＩＳＩＬ（イスラーム国）との戦いに二億ドルを拠出するという宣戦布告に相当する方針を表明し、さらにイスラエル国旗を背にして演説するという行為を、二〇一五年初頭に安倍首相が中東の地で行なった。このことが二人の日本人人質殺害事件を招いたと言えるかどうかについての政府検証は、政府に責任なしと結論づけた。

イラクへの自衛隊派遣は無事終了したと言う人がいるだろう。しかし実際はそうであったのかどうか、思い込みは避けたいところである。政府の全体的な検証作業は行なわれていないし、帰国した自衛官に自殺者が少なからずいることの詳細は伏せられている。他方、イギリスはイラクでの対米協力は間違っていたとすでに認めた。

ところで日本は中東では軍事協力はしないなどと、身勝手とも思われかねないことが言えるのであろうか。ちなみに二〇一五年九月、日本はシリア難民の受け入れは国内未整備につき難しいと国連総会で安倍首相は堂々と表明し、「難民鎖国」として批判の声も聞かれた。しかしそれが実情だから主張したのであって、資金協力にとどめたいという一つの判断を鮮明にしたということだ。

それへの賛否は別として、日本のような全面的な世界国家でない国に許された一つの選択肢だということは間違いない。しかも軍事協力をしないということを何も国際会議で宣言することもないのであって、具体的な事態が生起して具体的に派兵が課題となった際にそれを断るということに尽きる。

それは法律改正をともなわないでできる政治判断である。あるいは論議の末、最後は集団的自衛権発動の国会承認いかんという問題にいたるところの、政策論議であるので再度記しておく。

以上の慎重論でもって日本は何もしないということを言っているのではない。では何をするというのか。日本は中東では軍事よりはソフト・パワーで貢献すべきだということである。ではどのようなことが具体的に想定されるのか。ソフト・パワーに経済協力も含めれば、回答は簡単になる。それ以外について、少し知恵をめぐらせてみよう。

中東諸国ではテロ事件が発生すると、イスラームはテロの温床ではなく、本来平和で穏健な教えであるといった趣旨を強調するための国際会議を開催してきている。たとえば、二〇一五年一月、パリのシャルリー・エブド社襲撃事件の直後に、サウジアラビアのマッカでは世界イスラーム連盟主催で五〇〇名の国際的な指導者を集めての会議が行なわれた。しかし外部へはほとんど広報されずじまいに終わった。

イスラーム諸国自身の努力はもっと知られていいし、その尽力には称賛の声が出てよいところである。

またイスラームがもっと着手してしかるべきものとしては、アフガニスタンほかで盛んな麻薬生産の対策に取り組むことである。麻薬がイスラームに反していることは明白である。

筆者は二〇一五年春刊行の出版物で中東での集団的自衛権発動は日本国内のテロを誘発すると警鐘

を鳴らした。[*2] それに対してただちに、そんなことはありえないとの反論の声が一部識者よりあがった。ところが同年秋、パリ市内でのＩＳＩＬによる大規模なテロ事件が起こってからはまったく逆で、日本も用心すべしとの潮流に反転した。地理的な距離感は意味のない時代にわれわれは生きているのである。問題は中東との歴史の浅さからくる、心理的な距離感とまだまだ道不案内という実態である。

中東への軍事介入に誘発される国内テロも覚悟して国内外の戦いで血を流すという選択もあるが、それは戦争への道として国民は広く拒否を表明済みである。そこで本論の眼目であるが、心配ないとされる野獣はやがて飼い主にかみつくのであって、この安保体制は安全への道だという神話は中東に関しては完全に幻想にすぎないのである。

（イマーム大学東京分校学術顧問）

［注］
＊1　二〇一四年七月、閣議決定後のアラビア語各紙も「いつか来た道」と、日本の「対米追従」を取り上げていることに関しては、宮田律・山本武彦・木村修三・水谷周『集団的自衛権とイスラム・テロの報復』青灯社、二〇一五年、一四五〜一五一頁。
＊2　前掲書、一六九〜一七二頁。

第12章

「中東危機」と日本外交の変質の三〇年

尾崎 芙紀

はじめに

「戦争する国づくり」に向けた動きのなかで、中東が焦点の一つになっている。この二〇数年来、中東で起こった戦争を契機に日本の軍国主義化が急速に進行してきた。湾岸戦争（一九九一年）をはじめ、特に「対テロ」戦争の名でアメリカが始めたアフガニスタン戦争（二〇〇一年）、イラク戦争（二〇〇三年）が大きな転機となっている。

なぜ中東なのか。第二次世界大戦後、中東は「世界の火薬庫」と呼ばれてきた。背景には過去一〇〇年以上にわたる、英仏を中心とした西側諸国の侵略と植民地支配の歴史がある。第二次世界大戦後はアメリカがこれにとって代わる。中東問題の核心パレスチナ問題が、アラブ人にとって西側の植民地主義に対する民族解放運動という大義であり続けている原因もここにある。

日本の中東外交の激変は、パレスチナ問題への対応にはっきりと表れている。七〇年代の石油危機のなか、日本政府はアメリカの警告を振り切って、それまでの中東政策を見直し、イスラエルの占領政策を批判、あわせてパレスチナ人の自決権を支持するとまで宣言した。石油確保が目的で、実態はあくまで対米追随だったにせよ、国際社会のなかで一定の独自性を見せていた。だがその日本が今、パレスチナ人を占領下におき続け、近隣諸国に無法な攻撃を繰り返す中東の軍事大国イスラエルとの「防衛協力」をうたいあげるまでになっている。

対米追随が明らかになっても、アラブ諸国の人びとの目に日本はなお広島・長崎の国だった。軍隊も出さない、武器も売らない、中東地域の植民地支配とは無縁の経済大国、そしてパレスチナ問題では米欧と一線を画する国と映ってきた。しかし、資金協力だけだった湾岸戦争から、軍隊を派遣したイラク戦争を境に、日本に対するアラブ人の見方は大きく変わり始めた。今なお自決権の実現に苦闘している中東地域の人びとに、日本はどのように向かい合おうとしているのか。かつての信頼をどのように取り戻していくのか。

1　中東危機と日本の軍拡——アメリカの戦争に日本はどう協力してきたか

第二次世界大戦後、中東地域は世界でも戦争の多い地域「世界の火薬庫」と呼ばれてきた。イスラエルが絡む四次の中東戦争、八〇年代のイラン・イラク戦争、二次にわたるイスラエルのレバノン侵攻、九〇年代のイラクのクウェート侵略と湾岸戦争、二〇〇〇年代に入っては米主導のアフガニスタンとイラクへの戦争を含め一〇以上の大きな戦争が起こっている。

日本は、日米安保条約のもとアメリカの中東政策に深く組み込まれてきた。ベトナム戦争後、海兵隊が最初に大規模出撃したのは中東である。在日米軍基地はアメリカの中東作戦に欠かせない存在であり、日本はイラク戦争にもアフガニスタン戦争にも「後方支援」だと言って自衛隊を送ってきた。イスラエル占領下のシリアのゴラン高原にも一七年にわたって国連平和維持軍（ＰＫＯ）要員を派遣（二〇一三年撤収）、南スーダンのＰＫＯにも二〇一二年から陸上自衛隊を派遣、中東を舞台にして、なし崩し的に自衛隊の海外派兵が行なわれるようになっている。

今安倍政権が、「安保法制（戦争法）」の必要性を説得しようとするとき、中国や北朝鮮など「北東アジアの安全保障環境の厳しさ」を理由にあげるが、実際に戦場になってきたのは中東である。

例をあげよう。安保法制の最大の焦点、外国の領域における集団的自衛権行使の唯一の具体例は、政府によるとペルシア湾のホルムズ海峡である。「日本はペルシア湾のホルムズ海峡に石油輸入の八割を依存している。そこに機雷が仕掛けられたら『わが国の存立が脅かされる』事態に相当、集団的自衛権を発動して自衛隊を送って除去する」という。資源保護のための派兵か、「満蒙は日本の生命線」の再来かとの批判とともに、背景には日本の高い掃海技術力に対するアメリカの要求がある。中東の石油を支配したいアメリカにとってペルシア湾は重要だ。日本に対して「必要な場合、掃海艇をホルムズ海峡に派遣を」との要求が出されている（二〇一二年「第三次アーミテージ・レポート」）。

さらに南スーダンPKOへの自衛隊の派遣がある。今日本が自衛隊を海外に派遣しているのは南スーダンだけだ。かつてPKOの主要任務は、中立の立場での停戦監視だったが、二〇一五年改定されたPKO協力法では「駆けつけ警護」や「安全確保業務」という二つの任務が付け加わり、武器使用の危険性が格段に大きくなっている。

また二〇〇九年には、「海賊対処法」に基づいて、ジブチ共和国に戦後初めて自衛隊の海外基地を建設した。海賊の出没は激減したが、日本は米軍主導の多国籍軍の一員となって軍事作戦に参加するようになり、集団的自衛権をすでに行使している。二〇一三年からは南スーダンPKOへの兵站拠点にもなっている。

この二〇数年来、日本は中東での米主導の戦争に協力すると同時に、日本の軍拡を着々と進めてきた。湾岸戦争でPKO協力法をつくり、9・11（二〇〇一年）後のアフガニスタン戦争でテロ特措法を定め、イラク戦争ではイラク特措法をつくって、ついに陸上自衛隊の派遣を実現、占領に加担すると同時に米軍への空輸支援も行なった。自衛隊の派兵と日本の軍拡は、このように中東で起こった米主導の戦争が突破口となってどんどん拡大してきたのだ。安倍政権はその集大成として安保法制を強行しようとしている。年表（次頁）で確認してみたい。

年表　1990年以降の中東地域の主な戦争と日本の軍国主義化

年月	中東での主な戦争・事件	日本の軍国主義化
1990	イラクのフセイン政権がクウェートに侵攻	
1991	米主導の多国籍軍がイラクを攻撃。湾岸戦争	多国籍軍に130億ドル拠出。92年に「**PKO協力法**」成立，PKO参加へ
2001	米,「対テロ戦争」でアフガニスタン戦争開始	「**テロ特措法**」制定，インド洋に海上自衛隊を派遣，米軍等に給油活動
2003	米英軍，イラク攻撃開始	「**イラク特措法**」制定，04年陸上自衛隊を派遣して占領に加担，米軍への空輸支援
2009		「**海賊対処法**」でジブチ政府と地位協定，戦後初めて自衛隊の海外基地を建設。隊員110名が常駐
2013	アルジェリアの天然ガス関連施設で日本人人質事件	国家安全保障会議（日本版NSC）の設置を強行。「**特定秘密保護法**」制定へ
2014. 4		武器輸出3原則を廃棄，**防衛装備移転3原則**を導入。紛争国イスラエルへの武器輸出へ
5		ネタニヤフ・イスラエル首相来日，安倍首相と初の安全保障対話「両国の防衛協力の重要性」を確認
6	過激組織「イスラーム国（IS）」が「国家」宣言。米主導の有志連合が空爆開始	
7		**集団的自衛権**の行使容認を閣議決定
2015. 1	安倍首相が大企業幹部を引き連れ中東歴訪。エジプトでは「イスラーム国と戦う周辺国に2億ドル支援」を公言，イスラエルではネタニヤフ首相と並んで「テロとの戦い」を宣言。「イスラーム国」に拘束中の2人の日本人殺害される	
9		安倍政権，**安保法制（戦争法）**を強行→2016年3月末に施行（PKO協力法改定により，「住民保護」や他国要員の救出「駆けつけ警護」など武器の使用を前提とする任務が可能になる）
10		**防衛装備庁**新設。国際的な装備協力・武器技術管理などの中核的機能を一元的に担う
12		第2次安倍政権，2012年発足以来，毎年軍事費増，2016年度予算案で史上初の5兆円を突破
2016. 2		南スーダンPKOへの自衛隊派兵を10月末まで延長（2012年から派兵）→2016年3月に発動される安保法制下で自衛隊の任務がどう変わるか

2　なぜ、中東は戦争が多いのか――西側諸国の植民地支配の歴史から

西側諸国の植民地支配（一九～二〇世紀）

戦略的、経済的重要性に富む中東地域は西側諸国の侵略の対象とされ、エジプトやチュニジアなど北アフリカ諸国は一九世紀半ばから、シリアやメソポタミア、パレスチナは第一次世界大戦（一九一四～一九一八年）の戦後処理のなかで、人工的に国境線を引かれ、英仏を中心とする西側諸国の植民地下におかれた。これはその後のアラブ諸国内部の国境紛争の口実ともなり、特にイギリスの政策は、ヨーロッパのユダヤ人問題をパレスチナに持ち込み、今なお未解決のパレスチナ問題の発端ともなった。

第二次世界大戦後、多くの中東諸国が独立したのちも、西側諸国（七〇年代以降は米国中心）は独裁政権を支えながら、かたちを変えた支配を継続してきた。今は頓挫している二〇一〇年来の「アラブの春」も、こうしたアラブ諸国の政府に対する市民の闘いでもあった。

パレスチナ問題とは

背景には、一九世紀後半から激しくなったヨーロッパのユダヤ人迫害と、経済的・政治的な影響力

拡大を狙った英仏、特にイギリスのパレスチナ植民地支配の歴史がある。第一次世界大戦のなかで、フランスとこの地域の分割を取り決めておきながら、アラブ側には独立を約束して戦争での協力を要請、ユダヤ人には、ユダヤ資本の協力を狙って、この地にユダヤ人の「民族郷土」建設支援を約束した。戦争に勝利したが、激増するユダヤ人移民やアラブ人の反乱を収拾できなくなったイギリスは問題を国連に丸投げ、創設間もない国連が一九四七年、パレスチナ・アラブ人の頭越しにパレスチナをアラブ人とユダヤ人の国に分割したことが問題の直接の発端だ。パレスチナ問題は二一世紀に積み残された最後の植民地問題であり、民族自決権をめぐる最も重要な課題の一つだ。

分割決議は、当時パレスチナの人口の三分の一、土地の七%しかもたないユダヤ人に五七%の土地を与えた。イスラエル建国をめぐって始まった第一次中東戦争の結果、イスラエルは分割決議を大きく超える七七%の土地を支配することになる。さらに残りの二三%、すなわちヨルダン川西岸とガザのすべてが、第三次中東戦争(一九六七年)でイスラエル占領下におかれることになる。イスラエルはその後占領地の一部に自治を認めたものの、国連決議を無視し、パレスチナ人の独立国家を認めようとしない。アメリカの全面的な庇護のもと、占領地への無法な攻撃を繰り返し、入植地を拡大、領土拡張の既成事実をつくり続けている。

国際社会の変化

イスラエル建国以来ほぼ七〇年。イスラエルは自分たちのことを犠牲者だと思ってきたが、他の国々は同国を暴力的な占領国家と見始めている。占領下におくガザの人びとへの大がかりな攻撃は、この六年間でも三度（二〇〇八〜〇九年、一二年、一四年）に及ぶ。パレスチナは、アメリカの妨害によって国連への正式加盟は実現できていないが、二〇一一年以降、国際的な機関への加盟が実現し始めている。国連教育科学文化機関（ユネスコ）や国際刑事裁判所（ＩＣＣ）などだ。

対米配慮と過去のユダヤ人差別の歴史からイスラエル批判に及び腰だった欧州諸国のなかでも大きな変化が起こっている。二〇一四年、スウェーデンが欧州主要国として初めてパレスチナを国家として正式に承認した。世界で一三五か国目だ。あわせて英西仏、アイルランドなど数か国の議会が、政府に対してパレスチナを国家として承認するよう求める非拘束決議を採択した。また欧州連合（ＥＵ）は昨年、パレスチナ自治区から「イスラエル製」として輸入してきた製品に、「入植地産」と明示するよう加盟各国に求めた。イスラエルを全面的に擁護するアメリカの内部でさえ、宗教界の一部、学術団体などが占領と植民地拡大に反対し、学術交流中止やＢＤＳ運動[*1]を推進し始めている（第13章参照）。

3　日本の中東外交の変質——戦争する国づくりの動きとイスラエルとの軍事協力

一九七〇年代来の日本の中東外交

石油需要の八〇％近くを中東諸国に依存していた日本は、一九七三年の第一次石油危機のなか、アメリカの警告を振り切って新しい中東政策を発表（二階堂官房長官談話。巻末の「資料」参照）、パレスチナ人の自決権の尊重を基礎に、次の諸点が守られるべきだとした。①武力による領土の取得および占領は許されない、②第三次中東戦争（一九六七年）全占領地からのイスラエル軍の撤退、③域内すべての国の領土保全、④国連憲章に基づくパレスチナ人の正当な権利の承認。さらに、イスラエルがこうした原則に従わなければ、日本政府は「イスラエルに対する政策を再検討せざるを得ないだろう」とまで述べている。

次いで一九七九年の第二次石油危機ののち、これをさらに発展させ、民族自決権にはパレスチナ人の独立国家樹立の権利も含まれるとの認識を明らかにした。

これ以降、中東和平に関する日本政府の立場は以下の三点を原則としてきた。①第三次中東戦争の全占領地からのイスラエル軍の撤退、②独立国家樹立の権利を含むパレスチナ人の民族自決権の尊重、③安保理決議二四二号を基礎にしたイスラエルの生存権の承認。

これは、中東紛争に関する国連決議にもそった積極的なものだった。日本政府はことあるごとに、「日本の政策は西側諸国よりも前向き」と自画自賛してきた。しかし、石油危機で方向転換した日本の中東外交は、民族自決への支持を外交上の原則とするというよりも、石油を安定的に確保することを政策の動機としており、政策の一貫性を欠いてはいた。それでもアメリカの二重基準の矛盾が集中的に現れる中東という地域において、少なくとも一定の独自性を見せてきたと言えるのではないだろうか。

崩れてきた日本への信頼――「さらば、友好的な日本人よ」

かつて、「軍隊をもたない」「戦争をしない」国、中東地域の植民地支配とは無縁の国と見られてきた日本の評判はよかった。これを壊したのが、二〇〇三年の米英によるイラク侵略と、それへの日本の参加である。自衛隊のイラク派兵が報じられるにつれ、日本を厳しく批判する論評が各地で現れるようになった。なかでも、アラブ首長国連邦の『アル・バヤーン』紙に載った「さらば、友好的な日本人よ」（二〇〇四年二月一四日付）[*2]との見出しの記事は、こんにちにいたる中東地域への日本の軍事進出の本質をすでに見抜いている。

「イラク占領は、日本軍の歴史のなかで転換点として記録されるだろう。日本は第二次世界大戦後初めて軍隊を国外に送ったからだ」で始まるこの記事は、日本が占領軍に加担すれば、過去半世紀にわたって友好的、平和的な国として築き上げてきたイメージを台無しにするだろうと述べている。米英の開戦の口実が崩れるなかで派兵が行なわれたことは重大で、日本人に親近感をもち、米英の製品より日本製品を好んできたアラブ人の気持ちを逆なでするものだ、「祖国の独立を守ろうとするイラク人が日本軍を標的にするのは当たり前だろう。占領に抵抗することは国際法に照らして合法的な行為なのだ」と警告している。かつてアジア諸国で残虐行為を働いた日本軍がその謝罪もせず、今度はその犠牲者の一覧にイラクを加えようとしている、との痛烈な批判は、日本が政治・経済的に中東諸国との関係で岐路に立っていることを示している。

「安倍・ネタニヤフ共同声明」に見る日本の中東外交の激変

安倍首相は二〇一四年五月、来日したネタニヤフ・イスラエル首相と「安全保障に関する初の首脳級対話」を行ない、共同声明を発表した。武器輸出三原則を撤廃した一か月後のことである。声明は冒頭で「両国の防衛協力の重要性」を確認、あわせて「閣僚級を含む防衛当局間の交流拡大と自衛隊幹部のイスラエル訪問」で合意している。かつて武力によるイスラエルの領土取得を批判し、パレスチナ人の自決権を支持していた日本の中東政策の一八〇度転換である。

声明は、「新たな包括的パートナーシップを構築する意向」を確認し、サイバーセキュリティや先進科学技術、宇宙関連分野も含む軍事テクノロジーでの協力にも合意している。双方は経済交流や産業の共同研究など両国関係の深化を歓迎した後、「地域安定化」のために「自由、民主主義、人権、法の支配といった普遍的価値」が重要だと述べ、最後にテロ反対の姿勢を強調している。

だが、法の支配を破って、この地域の安定を乱しているのはどの国だろうか。多くの国連決議を踏みにじって他の民族を占領下におき、占領に抵抗する人びとを「テロリスト」と呼び、武力による土地の収奪を繰り返しているのはどの国だろうか。

イスラエルは、中東で最強の軍事大国だ。「第二のシリコンバレー」と呼ばれる、高度の先端技術をもち日本に急接近している。日本もイスラエルの高い技術に注目、国際社会がイスラエルと距離をおきつつあるなか、同国に急接近する日本の姿は際立っている。

日本の軍国主義化とイスラエル

「防衛装備移転三原則」で紛争当事国イスラエルへ武器輸出　イスラエルは、アメリカなどが共同開発する最新鋭戦闘機F－35を導入する。安倍政権は二〇一三年、紛争当事国への武器輸出禁止など三原則を骨抜きにし、F－35の部品製造への日本企業参画を認めた。新原則では、安保理による制裁措置が科されていない場合、「紛争当事国」であっても武器輸出を可能にしている。イスラエルも禁輸対象外だ。

政府は、新原則に基づく初めての措置として、三菱重工業が生産している地対空誘導弾パトリオット2（PAC2）の基幹部品の米国移転を決定。防衛省はイスラエルへのアメリカからのPAC2輸出の可能性も否定していない。

パレスチナ人にとってアメリカとは、「F-16やアパッチ・ヘリコプターだ。イスラエルが私たちを殺し、家を破壊する兵器だ」（米紙『クリスチャン・サイエンス・モニター』）と報じられたことがあるが、日本も同じ立場に置かれることになる。

「実戦の経験のない日本の弱み」とイスラエル　二〇一四年のイスラエルによるガザ攻撃で、イスラエルの有力紙『ハアレツ』は、「イスラエルの軍需産業にとって、ガザ戦争は最高のセールスマン」との記事を載せた。同時に高橋宗瑠・元国連人権高等弁務官事務所（OHCHR）パレスチナ副代表は、「イスラエルは経済的にも国家の一体性を保つうえでも、次つぎと紛争や挑発を仕掛けないとやっていけない事情がある」と厳しく批判した（『しんぶん赤旗』二〇一四年八月七日付）。

一方、最近では日本の軍需産業の本音が露骨に姿を見せるようになっている。たとえば、二〇一四年度の経団連防衛生産委員会総会[*3]で、桃山学院大学の松村昌廣教授が行なった講演だ。同氏は、「価格の国際競争力を向上させないと、防衛装備品の輸出はできない」と述べるとともに、「わが国には実戦での実績とデータがないという弱みがある」「中長期的には、防衛装備品輸出を日本の防衛産業を支える重要な柱の一つとすべき」との発言を堂々と行なっている。占領下の人びとの頭上に「実戦」を積み上げているイスラエルとの軍事協力を約束した日本。イラク戦争以来大きく変わってきた中東諸国の対日観は、今後どのような変容を遂げるのか。

＊　＊　＊

二世紀にわたって絶えず外部からの介入を受けてきた中東。武力による併合や占領を許さず、それぞれの国の進路はその国の国民が決めるという民族自決権を守ることが、今なお中東地域では最大の課題になっている。日本がたんなる石油外交と対米追随外交を脱し、憲法九条を守り「軍隊も出さない、武器も売らない」道を進むことこそ、この地域の人びとがこれまで日本に寄せてきてくれた期待に応えることになるだろう。

［注］

＊1　ＢＤＳ運動とは、「ボイコット」「資本引き揚げ」「制裁」の頭文字をとった非暴力の市民運動。反アパルトヘイト運動に学んだもの。二〇〇五年パレスチナの一七〇の団体が連名で呼びかけた。占領の終結、イスラエル内のアラブ人差別撤廃、難民の帰還権の実現を掲げる。

＊2　『しんぶん赤旗』（二〇〇四年二月一七日付）で要点紹介。

＊3　防衛生産委員会（二〇一五年度に防衛産業委員会に名称変更）は、大手軍需企業約六〇社で構成され、現委員長は三菱重工業社長。日本の工業力を武器調達に活かす構想のもと、経団連傘下の独立委員会として一九五二年に設立。現在は経団連が経済界の意見をとりまとめ、政府に実現を働きかけるための重要な政策委員会の一つ。

（中東研究者）

第13章

イスラエルと日本

強化される協力関係

役重　善洋

1　「安保法制」強行採決と日本・イスラエル関係

二〇一五年九月一九日に成立した安保法制は、安倍政権の「戦後レジームからの脱却」という政治目標と、アメリカのグローバル戦略における日本の負担増要求という二つの要因が合致したことで成立したと言える。しかし、この構造が、湾岸戦争後のペルシア湾への掃海艇派遣以来、中東情勢と深く連動して、一貫したものとしてあるという認識は広く共有されているとは言えない。

特に、安倍政権のもとでの、武器輸出三原則撤廃と集団的自衛権行使容認の閣議決定、そして今回の安保法制強行採決にいたるまでの経緯においては、アメリカの中東戦略のみならず、日本・イスラエル関係についても視野に入れて考えなければならないものである。この間、ネタニヤフ首相の来日（二〇一四年五月）や安倍晋三首相のイスラエル訪問（二〇一五年一月）などを通じて、これまでにない両国間の関係強化が進められてきた。このことは、今回の安保法制成立のかなり重要な背景になっていると捉えるべきである。

まず、武器輸出三原則の撤廃に関しては、次期主力戦闘機として日本が導入を決めたF−35戦闘機の共同製造に参画する計画が直接の契機となった。アメリカを通じてイスラエルに輸出されることになっている同戦闘機に日本製の部品を組み込もうとすると、紛争国への武器輸出を認めないとする三原則が邪魔にならざるをえなかったのである。

次に、安保法案の強引な憲法解釈の根拠とされた「存立危機（existential threat）事態」の具体例の一つとしてホルムズ海峡の封鎖という事態があげられていたことについて考えたい。現在の中東情勢において、同海峡の封鎖が唯一ありえるとすれば、それは、イスラエルがイランの核施設を攻撃した場合である。オバマ政権は、ネタニヤフ首相がイラン空爆実施に前のめりになるたびに、それを阻止する姿勢を明確にしてきたが、その代償として、国内のイスラエル・ロビーをなだめるため、イスラエル支援のさらなる強化を迫られることになった。中東における兵力の展開を削減したいアメリカにとって、日本の中東関与を促し、集団的自衛権行使容認によって対イラン戦争への自衛隊動員を可能にするということは、イスラエルとの同盟関係を補完する意味をもつものである。

もう一つの「存立危機事態」の例は、北朝鮮が弾道ミサイルを米国領グアムに向けて発射した場合であった。このとき、自衛隊のイージス艦に搭載された迎撃ミサイルを撃てるのかどうかが問題とされた。このミサイル防衛システム「SM3」は一九九八年の北朝鮮による「テポドン2」の発射を契機として、米レイセオン社と三菱重工を中心に日米共同開発されてきたもので、武器輸出三原則の撤廃に先駆けて例外指定されてきた。他方、アメリカは、一九八〇年代からイスラエルのミサイル防衛システムの開発に膨大な額の援助を投じており、イランからの弾道ミサイルを主な対象とする「デヴィッド・スリング」や「アロー2」の開発にはそれぞれレイセオン社やボーイング社などの米企業がイスラエル企業とともに参画してきた。これらの実情に加え、北朝鮮と日本の距離も、イランとイスラエルの距離も似たようなものであることを考えれば、両地域のミサイル防衛システム開発に際して、データやノウハウが相互参照されていると考えるのが自然であろう。

注意すべき点は、アメリカ・イスラエルのミサイル防衛共同開発では前者が後者に対して一九八八年度以降、累積三〇億ドル以上を軍事援助として投じているのに対し、アメリカ・日本のミサイル防衛共同開発では日本政府の側が二〇〇四年度以降累計一五〇億ドルもの巨額の資金を投じているということである。つまり日本の財政負担が、アメリカによるイスラエルへの軍事援助を支えていると見ることができる。そして、対イスラエル軍事援助の七五％は米国製兵器の購入に充てられ、アメリカの軍需産業を潤している。集団的自衛権行使容認は、このいびつな軍事予算の流れをさらに加速することになるのである。

2　イスラエルの戦争政策と安倍政権の改憲策動

以上に見たように、武器輸出三原則撤廃にせよ、安保法制にせよ、その背景には、アメリカのグローバル戦略におけるイスラエル支援というファクターが大きな意味をもっている。しかし、この間の展開において注意すべき点は、イスラエルの戦争政策が必ずしもアメリカを介在せずに、安倍政権を含めた日本の好戦的右派勢力とさまざまなかたちで共鳴しつつあるということである。

そもそも、アメリカの中東戦略において実働部隊的な役割を担ってきたイスラエルに対し、アメリカの東アジア戦略における安保条約上の日本の基本的位置づけは「極東における国際の平和及び安全」のための基地提供であり、憲法九条をもつ日本が、イスラエルとの直接的な軍事協力に踏み込むということは本来ありえない話であった。

しかし、今回の安保法制による集団的自衛権行使容認という事態は、日本・アメリカ・イスラエルの三国関係を従来のような、アメリカを介した二つの同盟関係の組み合わせではなく、三方向それぞれに通じた軍事同盟へと変質させる性格をもつ。同時にそれは、財政難に喘ぐアメリカの覇権凋落を背景とした動きでもあり、日本の一方的対米従属の深化だけにとどまらず、より積極的な「対テロ戦争」への参加に向けた軍国主義を促す危険をはらんでいる。

イスラエルが、イランの核開発を自国への「存立危機事態」とみなし、本来国際法違反である先制攻撃を正当化する論理を押し出しているのに対し、安倍政権は、同様の論理によって、憲法違反の集団的自衛権行使を正当化する論理を組み立てようとした。そこには、「自衛概念」の拡大解釈によって、第二次大戦後の世界において維持されてきた法規範——武力行使（およびそれによる領土獲得）の禁止を定めた国連憲章第二条四項や、そのより厳密な表現としての日本国憲法第九条——を乗り越えようとする共通の意図がある。これらの動きはアメリカの外交・軍事政策に強く促されてきた側面があるものの、そうして政治力を蓄え、政権を牛耳るにいたった両国の右派勢力は、「外敵の脅威」を煽ることで、ジュネーヴ第四条約違反であるイスラエル入植地の止めどない拡大や、東京裁判判決に対する異議申し立てを含意する首相・閣僚の靖国神社参拝など、アメリカの許容範囲を超えた、既存の国際秩序への挑戦を強めつつある。

3　軍需・セキュリティ分野の協力拡大

そうしたなかでも、とりわけ注目すべき動きとして、軍事・セキュリティの分野における日本・イスラエル間の協力拡大がある。二〇〇八〜〇九年のガザ戦争から間もない二〇〇九年一二月には、経団連防衛生産委員会が『イスラエルの航空宇宙・防衛産業』というイスラエル製軍需製品の紹介カタログを翻訳・発行した。その前書きで同委員会事務局長の続橋聡は、「イスラエルの人々が、身をもって開発してきたシステムや装備品についての知識を得ることは、日本にとって今後大いに役立つと考える」と述べた。しかし、当時はガザ戦争に対する国際的な批判の声も大きく、また、二〇一〇年五月には、イスラエル軍によるガザ支援船への公海上での襲撃事件が起きるなど、大々的に日本とイスラエルの関係強化を打ち出せる状況ではなかった。この頃、イスラエルのセキュリティ企業マグナBSP社が、福島第一原発をはじめとした複数の国内原発のセキュリティシステムを納入するなどの動きがあったが、それは当時いっさい報道されることもなく隠密に行なわれたのであった。

ところが、二〇一一年の東日本大震災とその際のイスラエル軍医療部隊派遣はそうした空気を変える大きな契機となった。二〇一二年六月には、日本イスラエル親善協会顧問の山谷えり子参議院議員がイスラエルを訪問し、同国最大の軍需企業IAI（イスラエル・エアロスペース・インダストリー）を見学、領海侵犯や災害のときのためには同社の無人航空機を購入する必要があると主張した（インターネットTV「超人大陸」、二〇一二年七月二日）。翌七月にはイスラエル大使館経済部の主催で「イスラエル・セキュリティ・イン・ジャパン」というビジネスイベントが東京で開催され、IAIやマグナBSP社を含めたイスラエル企業一三社が参加、翌年一〇月に開催された「対テロ特殊装備展」には二〇社が参加した。

二〇一四年にネタニヤフ首相が来日した際に出された日本・イスラエル共同声明には、内閣官房に設置されたばかりの国家安全保障局とイスラエルの国家安全保障会議との間の意見交換、サイバーセキュリティに関する関係機関間での対話、防衛当局間の交流拡大などが盛り込まれた。

この首脳会談で、安倍首相が、北朝鮮の核・ミサイル開発は「今そこにある危機だ」と述べたのに対し、ネタニヤフ首相は「全身全霊でその意見に賛同する。同じ言葉がイランの核開発計画にも当てはまる」と応えた。こうした北朝鮮脅威論をイラン脅威論につなげようとする発言の背景には、第一に、イラン核開発問題をめぐる六カ国協議が進められていた情勢において、少しでもイラン包囲網強化に向けた国際世論をつくろうとする意図、第二に、「ならず者国家」に対する不安感情を煽ることで、自国の軍事・セキュリティ関連ビジネスのチャンスを拡大しようとする動機があったと考えられる。

イスラエルの軍需産業は、第二次インティファーダと9・11後の「対テロ戦争」のなかでかつてない急成長を実現した。無人爆撃機をはじめとした新兵器はまずパレスチナ人に対して使用されることで、国際的な武器市場に対してその効能を生々しく示すことになった。欧米諸国はアフガニスタンやイラクにおける「対テロ戦争」を遂行するため、「実験済み」のイスラエル製兵器を購入した。二〇〇〇年に二五億ドルだったイスラエルの武器輸出額は、二〇一二年には七五億ドルにまで伸び、イスラエルの人口の一〇％が軍需産業に依存している状況にまでなった。

しかしこの年をピークとして、欧米諸国における軍事予算縮減を背景にイスラエルの武器輸出額は徐々に減少し、二〇一五年には約四〇億ドルにまで落ち込んだ。それを補う新たな成長市場として浮上したのがサイバーセキュリティ・ビジネスであった。二〇一四年にネタニヤフ首相が来日した時期、危機状況にあったイスラエルの軍需産業を救うために追求されていたのが、①アメリカの軍事援助の増額、②非欧米諸国におけるマーケット開拓、③サイバーセキュリティ商品の開発・販売促進、といった方策だったのである。

4　イスラエルの戦争犯罪とセキュリティ産業

二〇二〇年の東京オリンピックに向け、イスラエルは現在（サイバー）セキュリティ・ビジネスの売り込みを盛んに行なっている。同国のセキュリティ技術の背景にあるのは言うまでもなくパレスチナの占領である。上述のマグナBSP社のハイム・シボニーCEOは、日本の原発の警備に用いているレーダー感知システムはガザの国境警備等に用いているシステムに若干の修正を加えたものにすぎないと言っている。そしてそれは、封鎖されたガザ地区から外に出ようと掘られるトンネルを阻止することにも応用することが可能だと言う。

また、イスラエル軍には八二〇〇部隊と呼ばれるIT専門部隊がある。この部隊員のなかには兵役終了後、軍で得た知識と人脈を用いて起業を行なう者が多くいる。二〇一五年一一月にイスラエル大使館等の主催により大阪で開催された「日本－イスラエルビジネス交流フォーラムin関西」に参加した“i4drive”や“Argus Cyber Security”は、この部隊出身者が立ち上げた企業であった。

同部隊は国内外でのサイバー戦争に従事しており、二〇〇九～一〇年には、米国家安全保障局と共同開発したコンピュータ・ウィルス「スタックスネット」によって、イランの核施設におけるウラン濃縮用システムを破壊したことが確実視されている。こうした行為は、国連憲章違反の「武力行使」にあたると多くの専門家が指摘している。

二〇一四年夏のガザ戦争停戦ののちには、この八二〇〇部隊のメンバー四三名が兵役拒否を呼びかける書簡を発表し、自分たちが従事させられてきたパレスチナ人に対する人権侵害の実態を告発した。明らかにされたのは、同部隊がインターネットの監視や電話の盗聴を通じて、パレスチナ占領地住民の性的指向や病歴等の個人情報を無制限に収集し、それを用いてパレスチナ社会のなかに「イスラエル協力者」を養成したり、内部対立を醸成したりしてきたということである。

このように、イスラエルのセキュリティ・ビジネスは、軍事ビジネスと表裏一体のものであるだけでなく、イスラエル軍の犯罪行為と密接にかかわっているのである。

おわりに――日本の市民の課題

戦争にはプロパガンダが必ず付随する。しかし、冷戦終結後の非対称戦争におけるプロパガンダは、軍事力・政治力の圧倒的差異を反映し、かつてない浸透力をもっているように見える。「対テロ戦争」という名称自体、戦争行為の違法性や非人道性を隠蔽する役割を果たしている。セキュリティ・ビジネスをベースとしたIT起業が盛んなイスラエルを「中東のシリコンバレー」と称揚し、投資を呼びかけるメッセージがさまざまな媒体に掲載されているが、そこにもイスラエルの戦争犯罪を覆い隠し、ビジネスチャンスを拡げようとするプロパガンダの要素が濃厚にある。

たとえば、サイバーセキュリティ企業をはじめとしたイスラエルのベンチャー企業支援を行なう投資ファンド「サムライインキュベート」の榊原健太郎代表取締役は、イスラエルのことを「極めて教育水準が高く、国民全員がアントレプレナー（起業家）を目指しているような国」と評している。しかし現実のイスラエルでは、高校卒業年齢時の大学進学資格取得者の割合が自治体によって上は約九〇%、下は一割以下という、とてつもない地域格差が拡がっている。この格差はパレスチナ系市民に対する差別政策と組み合わさり、貧困率の高いアラブ系の町や村はこの序列の最下位に位置する。

では、この序列の上位から生まれた超エリート層が担うIT・セキュリティ産業が安泰かと言えば、激しい国際競争のなかですでにバブルの兆候が指摘され始めている。また、過去最大規模のガザ戦争を経験した二〇一四年には、海外からのイスラエルへの投資額が前年比で四六%も落ち込み、同国の経済にとってパレスチナ問題が大きな負荷となっていることを改めて示した。

このようなパレスチナ占領に起因するイスラエル経済の不安定性を論じる際、国際的なボイコット運動の存在も指摘しなければならない。とりわけ、二〇〇五年から始まるBDS（ボイコット・資本引き揚げ・制裁）運動と呼ばれる草の根の市民の動きは、イスラエルの経済界に大きなプレッシャーを与えている。[*1] たとえば、イスラエルのISDS社は、二〇一六年のリオデジャネイロ・オリンピックのセキュリティ業務で二二億ドルの巨大契約が内定していたが、パレスチナ人への人権侵害のみならず、過去の中南米の軍事政権への武器供与への関与等が指摘され、抗議運動が拡がった結果、契約はキャンセルされた。

日本においても、イスラエル入植地で生産されている「アハバ」のコスメ商品の輸入販売を中止させるなどの市民の動きがある。イスラエルの占領政策・人種隔離政策が続く限り、こうしたボイコットの取り組みは今後も拡大していかざるをえないだろう。南アフリカのアパルトヘイト廃絶において国際的なボイコット運動が担った役割を思い起こせば、パレスチナ／イスラエルにおける公正な平和を促進するうえで、ＢＤＳ運動が果たしうる役割はきわめて大きいと言える。

さらに言えば、グローバル化するイスラエルの戦争経済に日本の政府や企業、研究者、そして市民社会がこれ以上巻き込まれないためには、イスラエルの対パレスチナ人政策の現実を正確に知ることと同時に、周辺アジア諸国との和解、そして自らの社会内部にある格差・差別の解消に向けた多様な取り組みを通じて、軍隊やセキュリティ産業に依存する必要のない世界をめざすことが必要であろう。

（パレスチナ研究、植民地主義研究）

［注］

＊1　ＢＤＳ運動については、拙稿「イスラエル・ボイコット運動の歴史と現在」臼杵陽編著『パレスチナを知るための六〇章』明石書店、二〇一六年、も参照のこと。

第14章

「積極的平和主義」とODA

対パレスチナ支援に見る平和との乖離

小田切　拓

1　Yesか、Noか?

二〇一五年二月、新たなODA（Official Development Assistance：政府開発援助）の基本方針が、また法制化されずに閣議決定された。名称が「開発援助大綱」から「開発協力大綱」に変更され、「国際協調主義に基づく積極的平和主義の立場から、国際社会の平和と安全及び繁栄の確保にいっそう積極的に貢献する国家として国際社会を強く主導」すると、ＰＫＯとの連動等にも言及。従来のＯＤＡからの変質であり、今回の改編（新たに制定されたと言うべきかもしれない）の実態は、二〇一五年八月の安保法制と対をなすと考えるべきだ。

開発協力大綱は、企業やＮＧＯとの連携について強化を図ることも明言している。官民一体の体制の構築が急がれるなか、中東でのＯＤＡの実施団体としてのＮＧＯへの影響が懸念されるが、その方向性を考えるうえでモデルとなるのがこれまでの対パレスチナ支援だ。対テロ戦争の政治的影響によって、二〇数年で著しいＯＤＡの変質が起こったケースだからだ。

日本の対パレスチナ支援は、金額的にも世界有数の規模であり、パレスチナ人からの評価も高い援助であると認識されてきた。援助関係者も、そこに資金を提供する政府やＪＩＣＡ関係者も、援助事業が独立を控えたパレスチナの支援になっているという認識を抱いていたことは確かであろう。

一方、それが高度に政治的であったことも当初から十分に理解されていた。第一にパレスチナは、「対国家」という大前提にあてはまらない。そして、アメリカの意向に逆らうことなく日本の石油確保という国益にまさに叶っているものでもあった。関係者からすると、多額の予算を使い切ろうにも適当な事業が見つからない「案件発掘に苦労する状態」[*1]であったが、小規模インフラの整備にせよ、難民支援にせよ、パレスチナの〈国益〉とも合致したものではあった。つまり、たまたまパレスチナ人にとっても日本側の各組織の担当者にとっても都合がよかったわけである。

だが〈対テロ戦争〉の開始と連動して、「国際社会との協調」や「国益の実現方法」が大きく様変わりした。一九九二年に閣議決定し二〇〇三年に改定されたＯＤＡ大綱も、これにともない改編された。「人道支援」という看板を掲げてきた「非政府組織」ＮＧＯは、どうにか自身を納得させるロジックを見出すか、隠すしかなかったのが実情だろうが、いよいよそれも難しくなった。二〇〇三年に改定された新ＯＤＡ大綱も、文面上は「途上国開発」や「人道支援」を目的にしているように捉えられるものだったが、今回の改編ではっきり方向性が変わった。政府にとってのＮＧＯが、「（政府の認可を必要とする）政府関係機関『外』の、〈国益〉追求組織」という認識になったと私は考える。政府の意向に沿わない活動をする組織や個人については、どういう対応がなされるかは容易に想像できる。国際機関の仕事を請け負う場合でさえ、「非政府的」な立ち位置をとるのは非常に難しくなった。

今後のODAの方向性をパレスチナを例に見よう。大前提としての①「占領の経費負担」。そして、②（利益共有関係の強い）占領者の被占領者への軍事力行使を実質容認したうえで、軍事力の行使後の「〈復興〉支援（戦後処理）」、③被占領者への経済支援の名目で「（実質的な）占領者支援」が続く。

すでに②③についてもNGOの多くが関与してきた。こう考えると、二〇一五年八月の安保法制成立前後にNGO関係者が強調した「自衛隊が関与すると日本の支援のイメージが崩れ、危険に晒されかねない」という「駆けつけ警護」についての見解は、日本政府関係者からすれば、「何を今さら」という感じで、訳のわからないものだったに違いない。（援助の目的が正確に理解されていれば）現地の一般市民からしても的外れなものだ。NGOは、「政府の意向に沿った活動をする」のか、「政治的にも経済的にも『非政府的』立場をとる」のか（もしくは活動を止めるか）、決断をすべき時期にきている。

2　オスロ体制（一九九三年〜）——「和平」がイスラエルを潤した

もともと一九九三年に締結されたオスロ合意が、諸悪の根源であった。この時点で、イスラエルは、パレスチナ地域の約八〇％を自国領とし、二〇％強（ヨルダン川西岸・ガザ地区・東エルサレム）で軍事占領を行なっていた。この約二〇%の面積に追いやられた被占領者であるパレスチナ側（の代表組織。国家ではなく、たとえて言えば、国家になる「承諾」をイスラエルから得ようという立場）と、占領者であるイスラエルに、軍事占領が継続されたままで話し合え、というのがオスロ合意の規定した和平プロセスだ（自治区と周辺諸国との間の国境も、イスラエルに管轄権を与えた）。

国際社会が、仮にイスラエルの国際法違反をいっさい許容せず、パレスチナ地域全体の二〇%強という面積にしかならない占領地が全面的にパレスチナ国家となるように動いていたら、一定レベルの安定は訪れたのかもしれない。しかし、そうもしなかった。占領地の半分以上の土地は、やはり国際法違反にあたるユダヤ人居住区や、軍関係施設など、イスラエル政府の管轄地として維持された。それどころかユダヤ人居住区の人口は、この二〇年で三倍以上の三五万人（二〇一三年。ほかに東エルサレムに約二〇万人。全体でイスラエルにおけるユダヤ人口の約九%）にまで拡大した。

パレスチナ独立につながらないのであれば、日本などの支援国によるインフラ整備等や、国連関係機関やNGOによる難民支援活動は、イスラエルが支払うべき占領経費の肩代わりでしかなくなる。しかも、占領地における物品の最大輸入先はイスラエルであったため、援助活動は、経済的にもイスラエルを潤す構造にあった。

当初から対パレスチナ援助は「対イスラエル援助」であり、以後その性格をより強める運命にあった。二〇〇三年にODA大綱が改定された時期には、国際社会がイスラエルを〈テロとの戦い〉の当事者とみなしたことで、軍事占領者の側の「治安維持」のために援助が使われる、という極端な事態が起こった（しかも名目は「パレスチナ支援」であった）。

「国際社会からの対パレスチナ援助のいったいいくらがイスラエル経済に渡るのか？（How much International Aid to Palestine Ends Up in the Israeli Economy?）」（Shir Hever）という、二〇一五年八月に発表された報告書は、興味深い数字を提示している。世界銀行や国連関係機関、イスラエル政府・パレスチナ自治政府による公式データを元に算出すると、国際社会による対パレスチナ援助（二〇〇〇〜二〇一四年）の「最低でも七二％が、イスラエルの経済的利益になっている」というのだ。

3 「対テロ戦争」と援助の連動性

援助は、「治安維持」面についてもイスラエルに恩恵をもたらした。その実例を紹介する。

二〇〇四年一二月初頭、対パレスチナ援助における援助国会合（特別連絡委員会）に出席する直前のUSAID（アメリカ開発庁）テルアビブ事務所報道官から奇妙な話を聞かせられた。「今回の会議の主な論点は、誰が（どの国が）、検問所に設置される最新型のX線検査装置を提供するかだ」というのだ。

二〇〇二年六月、イスラエル政府は、ヨルダン川西岸に「治安維持用防壁」（隔離壁）の設置を決定。

まずイスラエル領に近い西側を中心に、イスラエル人の人口密集地に近い場所にはコンクリート壁、農村部などでは金属フェンスの設置を急ピッチで進めさせた（〇四年七月には国際司法裁判所による違法判決［勧告的意見］が出されたが、国際社会がその建設を止めることも、イスラエルに制裁を加えることもなかった）。

占領地の大半を占めるヨルダン川西岸地区を取り囲み、さらに内側に大きくくい込むかたちでこの「治安維持用防壁」は設置された。パレスチナ人やパレスチナからの物資がその外側に出るためには、巨大検問所でイスラエルの許可を得なければならなくなったのだが、この検問所（関係文書ではborder＝境界とされている）に設置される最新式の検査機を、援助国が提供するというわけだ。これが「パレスチナ人の移動における制約を緩和」するという。

二〇〇五年一一月に援助国会合のとりまとめ役である世界銀行が、上記の件については詳細な報告書を発表しているので、関係者には確認されることをお勧めしたい。付け加えておくと、こうした調整にかかわった専門家から、（西岸地区と、占領地である東エルサレムの間に位置する）カランデイア検問所の大型化には、ＵＳＡＩＤの資金が入っているという証言も得ていた（同様の内容を、二〇〇五年二月にイスラエル高級左派紙『ハアレツ』も報じた）。また「（Ｘ線装置の費用拠出については）当初アメリカがＥＵに依頼したが、拒否したためＵＳＡＩＤが行なうことになった」という（〇九年九月にイスラエル政府が援助国特別連絡委員会に提出した資料には、西岸地区北部の境界検問所の拡充についてもＵＳＡＩ

Dが資金を拠出したことが明記されている)。

4 ODA大綱の改編(新ODA大綱／二〇〇三年)

日本も、西岸地区にあるヨルダンとの国境付近に位置する街ジェリコと、西岸の中核都市ラーマッラーをつなぐ山越えの「迂回路」(両都市の間に位置するタイベまで)の整備のために、国連関係機関を通じた支援を行なっている。これは間接的に西岸地区の幹線道路をイスラエルが管轄し、それを利用するユダヤ人入植者の〈治安維持〉を後押ししたことになる。

日本は、ジェリコ周辺で二〇〇五年から、隔離壁や検問所の整備と関連性の高い大掛かりな〈経済援助〉を行なってきた。国境や、西岸地区内の移動をイスラエルによって制限されたパレスチナ側に、国際社会がODAでパレスチナ人の働き場(工業地帯)を建設するというものだ。「平和と繁栄の回廊」構想という、日本がジェリコ地区で現在まで続けている計画の中心は、農産業団地の設置である。

西岸地区北西部にあるバルカン(Barkan)工業団地のようなものを、援助でつくらせようというのがイスラエル側の思惑であった。一九八二年にイスラエルが設置し現在まで稼働している同工業団地は、イスラエル企業が入居している。労働者の多くは占領地のパレスチナ人で、場所も西岸地区のため、賃金は安く抑えられ、かつイスラエルの労働法も適用されない。今年になってこの場所を含め、国際人権団体ヒューマンライツ・ウオッチが国際人権法の侵害行為だと強く非難。撤去を求めている。また、新ODA大綱が制定された二〇〇三年から、その重点項目となっていた「平和構築」事業が積極的に行なわれていた。今も外務省のHP上に、〇四年当時の有馬龍夫政府中東特使によるイスラエル外交評議会での発言が英文で公表されているが、そのなかで有馬は「信頼醸成措置」として数多くのイスラエルの団体へ資金提供をした実績について強調している。

二〇〇四年と言えば、五月にイスラエル軍が大規模軍事侵攻をガザ地区で行なった年である。イスラエルの軍事力の行使は止めず、「信頼醸成」という名目でイスラエルの団体を援助していたのだ。

これらの事業には、当初から日本人の大学関係者、研究者、NGO職員、ジャーナリスト等が直接・関節に深くかかわってきた。しかし、その内容についてどころか事実関係さえ認めないことが多く、事後検証もいっさいされていない。

農産業団地については、参加企業をパレスチナ企業に絞る動きや計画が遅々として進まないためかイスラエル側は興味を示さなくなったが、それでも日本が占領の経費負担をすることには変わりはない。二〇一六年二月一五日、安倍晋三首相は来日していた大統領と会談、同計画を含めさらに八六億円の対パレスチナ支援が発表された。

5　開発協力大綱決定後の変化

「開発協力大綱」が閣議決定（二〇一五年二月一〇日）された一週間後の二月一七日、岸田文雄外務大臣は「邦人殺害テロ事件を受けた今後の日本外交」を表明した。①テロ対策の強化、②中東の安定と繁栄に向けた外交の強化、③過激主義を生み出さない社会の構築支援、がその三本柱であった。

この方針を受け、五月二七日に、ヨルダンに二四〇億円の円借款が決まった。「シリア難民の流入等により財政負担が大幅に増大した」ことへの対処とされるが、これはヨルダンの財政そのものへの支援である。パレスチナでも世界銀行のとりまとめるファンドを通じて自治政府の予算への支援は行なわれてきたが、日本が、直接被援助国の予算を援助することはなかった（ほかにもヨルダンには、安倍首相が同年一月末に発表した中東諸国への「人道支援」の二億ドル〔当時で約二五〇億円〕から、二八〇〇万ドルの資金援助が行なわれている）。

現在ヨルダンは、年間二・五億ドル（約二七三〇億円／世銀調査）の対シリア難民支出を迫られているが、それは歳入額八・七億ドル（二〇一六年予想）の約三〇％を占める。公式発表で、現在約六三万人（ヨルダンの人口の約一〇％）とされる同国内のシリア難民数の実数はそれを上回ると見られ、さらに増加傾向にある。ヨルダンは、人口の約七割が難民等のパレスチナ人とされ、イラク難民も多数存在する。ヨーロッパがシリア難民のこれ以上の流入を拒んでいるなかで、同国は、援助なしでは破綻する「難民の王国」となった。

自らつくった問題の解決を図るのではなく、軍事力の行使で状況を変えようという西側諸国と同じ方向で、日本は中東に関与しようとしている。アメリカはヨルダンに対し、すでに年額一〇〇〇億円以上の財政支援を行なうことを決め、日本がそれに追随している。難民支援でさえ国家財政規模の支援が必要な状況が続けば援助する側も立ち行かなくなる。さらに各国の利権や治安問題が絡んでくればどうなるかは、対パレスチナ「援助」（とその結果）が将来像を提示してくれる（イスラエルでは、石を投げたパレスチナ人まで合法的に射殺できる状態になった）。

今後ODAに欠かせないのは、「下請け」ではなく「監視機能」である。「非政府」である者の存在意義とは何か。関係者は、再度、強く認識すべきだ。

（ジャーナリスト／パレスチナ・イスラエル専門）

［注］

＊1　中東経済研究所主幹、UNRWA（国連パレスチナ難民救済事業機関）在日コンサルタント（ともに当時）・立山良司が言及（橋本光平編著『戦略援助——中東和平支援とODAの将来像』PHP研究所、一九九五年）。

第15章

南スーダンの平和と日本

紛争の「現場」から

飛内 悠子

二〇一三年一二月二六日の朝、私は南スーダン共和国の首都ジュバでの紛争勃発とその拡大を受けての退避のため、自分の調査地である中央エクアトリア州カジョケジ郡（現イェイ川州カジョケジ郡）から隣接するウガンダ共和国モヨ県へと移った。幸いにもカジョケジ郡にもモヨ県にも紛争の影響は及んでおらず、クリスマス明けの街は静かだった。モヨ県の中心部にはカジョケジとモヨを行き来しながら商売を行なうカジョケジを故地とするクク人が営む商店が並ぶ一角があり、私はそこでカンパラ行きのバスが出るのを待ち、商店の店主たちと南スーダン情勢について話をしていた。クク人たちは紛争に否定的で、開発が遅れることを嘆き、それを引き起こしたとみなされる民族、ディンカ人とヌエル人を非難していた。ある年長格のクク人が突然アラビア語で「お前たちはもう少し戦いの意味について考えるべきだ」と後方でひっそり話を聞いていた人に向かって話しかけた。そこにいたのはモヨで第二次スーダン内戦時から長く避難生活を送っていたディンカ人であった。彼は居心地悪そうにしながらも「私もそう思う」とうなずいていた。この情景からは、紛争の「最中」にあった南スーダンの状況と南スーダン人の紛争観の一部が見える。

1　独立後の南スーダンと新たな紛争

南スーダン共和国は二〇一一年七月九日にスーダン共和国から独立した世界で最も新しい国である。この独立は、一九五五年以降休戦期間をはさみながら二〇〇五年まで続いた第一次、第二次スーダン内戦の一応の帰結であった。この南スーダンの戦後「復興」に際し、多くの支援の手が寄せられることになった。その最たるものが、国連南スーダン共和国ミッション（ＵＮＭＩＳＳ）である。自衛隊は国連からの要請を受けて国連平和維持活動（ＰＫＯ）、ＵＮＭＩＳＳへの参加を決定し、二〇一二年からジュバで活動を開始していた。

だが、独立後の南スーダンの情勢は決して安定していたとは言い難い。独立と前後して各地で紛争が始まり、二〇一三年一二月にはジュバの大統領警備隊の宿舎内で起きた銃撃戦をきっかけに再び南スーダン全体が「紛争地」となることになった。紛争は基本的には大統領サルファ・キール・マヤルディと前副大統領リエック・マチャルによる権力闘争の色が濃かったが、サルファの出身民族ディンカとリエックのヌエルとはスーダン内戦時からの因縁の関係であることもあり、民族紛争的な要素も帯びていった。戦火は瞬く間に南スーダン北部へと広がり、数万人の死者、二〇〇万人を超える避難民を出す大惨事となった。和平会談が設けられ、何度か和平協定すら結ばれたものの、それはあっさりと反故にされ、互いに非難し合うだけだった。二〇一五年八月に結ばれた和平協定により、リエックが再び副大統領に就任することになったが、その履行の行方はいまだに不透明である。[*1] 何よりもこの紛争は故地、もしくは故国へとたどり着き、再び生活を作り上げようとしていた人びとの試みと希望を叩きのめし、独立間もない南スーダンの各地に大きな傷跡を残した。

そしてこの紛争勃発時に日本で脚光を浴びたのが自衛隊であった。それは避難民支援を担ったためだけの注目ではない。同時期ジョングレイ州で活動していた韓国軍への銃弾供与の可能性をめぐって注目を浴びたのである。それは日本における安全保障をめぐる政治的動きと関連していた。二〇一三年一二月に特定秘密保護法、二〇一四年四月に防衛装備移転三原則が成立したことからわかるように、この時期政権は日本の安全保障政策の転換を図っていた。こうした動きの最中に南スーダンの紛争は起こり、自衛隊がその武器の扱いをめぐって国民の注目を浴びた。そして二〇一五年に成立した「安保法制」によって自衛隊に「駆けつけ警護」という新たな任務が付加されることとなった。これはNGO職員等の民間人や他国部隊が襲撃を受けた際、その要請を受けて出動し、武力支援を行なうことができるというものである。この任務は南スーダンの自衛隊に最初に適用されることが見込まれている。

2　南スーダンの状況と日本の政策

私は自分が調査を行ない、見てきた南スーダンの状況からこの「駆けつけ警護」、そして安保法制の意味に疑問を抱かざるをえなかった。防衛省のＨＰによれば、ＰＫＯは紛争地域の平和の維持を図る手段として実際の慣行を通じて行なわれてきたものである。現在では多くの分野での活動がＰＫＯの任務に加えられてきている。「駆けつけ警護」はこの任務の一環として位置づけられる。

現在、南スーダンにおけるＮＧＯ等を含めた邦人の滞在、活動はきわめて制限されている。紛争によって活動地が危険となったことに加え、外務省が南スーダンの危険情報をジュバは危険度三（渡航中止勧告）、それ以外の地域を危険度四（退避勧告）とし、邦人の渡航を制止しているためである。ＮＧＯの職員であってもジュバに限る出張ベースの短期滞在しか認めていない。[*2] つまり日本は現在南スーダンの平和構築という目的のもと、日本の団体の南スーダンにおける国際協力活動を制限する一方で、「駆けつけ警護」は行なうという方針を打ち出していることになる。

南スーダンの多くの地域が危険な状況にあるのは間違いない。これが邦人保護を考えたうえでの方針であることも理解している。しかし、冒頭で示した情景からもわかるように南スーダン南部に限ればその危険度は下がる。南スーダン南部は首都ジュバを除けば今回の戦闘の舞台になることがほとんどなかったためである。南スーダン南部全体が安全だと言い切ることはできないが、南部は近隣諸国からアクセスしやすく、ウガンダで南スーダン人に話を聞けばどこが危険でどこが安全なのかはすぐにわかる。そういった情報が外務省の危険情報にはまったく反映されない。こうした情報の不足は南スーダン北部に対しても同様であろう。

南スーダン南部は復興の途上にあった。国際協力活動が被支援地域に及ぼす影響の意味については別途考える必要があるが、支援団体が撤退せざるをえなくなることによって地域がダメージを受ける可能性は否定できない。復興の遅れ、南スーダン情勢のさらなる不安定化の一因ともなりうる。こうした状況を作り出すことが日本と南スーダンにとって益とならないことは明らかである。

そもそも確たる情報も得ないまま、南スーダンを支援し、友好関係を築いてきた存在を締め出して「駆けつけ警護」を行なおうとする意味は何なのか？　混乱する情勢が続くなか、自衛隊によって銃を向けられる対象が南スーダンの民間人になる可能性も高い。私にはこの日本の方針が南スーダンの平和を促進させるものだとは思えない。

私は南スーダンでの自衛隊の活動をすべて否定したいわけではない。そして南スーダンの平和をつくる第一の礎となるべきは南スーダン人だと認識している。だが、南スーダンに深くかかわってきた者として、日本には「駆けつけ警護」を行なうよりほかに南スーダンに対して考えるべきこと、やるべきことがあるはずだと思う。何よりも南スーダンに生きる人との対話を通して状況を把握することが必要なのではないか。そこからしか、答えは見えてこないのではないだろうか。

［注］

＊1　この南スーダン紛争に関しては以下の論考が詳しい。村橋勲「戦火の一年——南スーダンの紛争と和平の行方」『JANESニューズレター』二二号（二〇一五年）二三〜三四頁。

＊2　南スーダンにおける外務省の対邦人対応、NGOの活動状況に関しては特定非営利活動法人難民を助ける会のHPを共感とともに参照させていただいた。本稿の執筆に際しても示唆を得ている。このHPの存在を教えていただいた方に感謝を申し上げる。http://www.aarjapan.gr.jp/activity/blog/president/（最終閲覧日二〇一六年三月四日）。

（日本学術振興会特別研究員PD／南北スーダン地域研究、難民・強制移動研究）

第IV部

いま私たちがやるべきこと——平和憲法と日本の外交力

オリーブの苗木を植える少年たち。パレスチナで現地のYMCAとYWCAが毎年2月に地元の農家とともに行なう植樹作業には世界各国から支援者が集まる（撮影：横山由利亜氏、提供：日本YMCA同盟）

戦争反対の声をあげる市民の運動は、着実に広がり、続いている（2015年12月、銀座でのデモ。提供：毎日新聞社）

第16章

中東の悲劇に対して市民ができること

長沢 栄治

1 庶民感覚の中東

庶民にとって、「中東」と言われて気になるのは、何と言っても石油である。石油価格の動向は、ガソリンや暖房用の灯油の値段、電気料金の変化となって庶民の暮らしを直撃する。第一次石油ショックが起きてから、もう四〇年以上がたった。当時のパニックや狂乱物価を覚えているのは、五〇代以上だけである。今や多くの人にとって、日常生活から石油が消えてしまうということは想像もつかないだろう。もっとも、二〇一一年の東日本大震災と福島原発事故の直後には、(後で必要がないことがわかったが) 東電の計画停電があり、エネルギー問題に不安を感じた人も多かった。しかし、原発が次々に再稼働される現在、どのくらいの人が当時の危機感を思い出すだろう。

さて、少し経済的に余裕のある人にとって、中東は遺跡の宝庫であり、観光の名所として捨てがたい魅力がある。エジプトのピラミッドやツタンカーメン王の黄金マスクなど一度は見てみたい。しかし、テロに巻き込まれるかと思うと少し恐い。シリアのパルミラは、砂漠の只中に巨大な列柱が林立する、この世の奇蹟とも思える遺跡である。しかし、今やＩＳの占領によってその多くの遺物が破壊されたという。親日家の博物館長もＩＳに殺害された。

観光旅行に限らず、中東やイスラーム圏にビジネスの出張が入るのは、ごく当たり前の時代となった。イスラーム革命前のイラン、湾岸戦争前のイラクには一時期、かなりの数の在留邦人が働いていた。あるいは熱心なサッカーファンにとって、中東はワールドカップの地区予選やアジアカップでのライバルとして気になる地域である。

私たちが、「生活人」、「仕事人間」、あるいは「観光や趣味の人」として中東を意識するのは、こんなところだろうか。その一方で、中東からはシリア難民の悲劇をはじめ、悲惨なニュースが新聞やテレビから連日伝えられる。特に昨年二〇一五年の年頭には、ＩＳをめぐる残酷で恐ろしい映像が流され、平和な生活を送る人たちに衝撃を与えた。これらの報道が、社会に関心を向け始めたばかりの年齢の、小学校低学年の子どもたちに将来、こころのなかの大きな影となって残るかもしれない。そんなことを心配されたお母さん、お祖母さんもいるのではないかと思う。

しかし、心配しなくてはいけないのは、さしあたって今の大人の私たち「庶民」のほうである。最近、新聞の投書欄に「火事現場でスマホは異様」という読者の投稿を見つけた（『東京新聞』二〇一六年二月一九日、高橋正史さん投稿）。メイドカフェの火災現場に関するテレビのドキュメンタリー番組の感想であった。「苦しんでいる人たちを前に淡々とスマホを向けている人たちの風景を異様に思った」という意見である。「苦しんでいる人に寄り添ったり、声をかけたり、近隣に火事を伝えたり、もっとやるべきことはある」のに、自分用かネット投稿といった自己満足のために写真を撮っている人たち、それはスマホに魂を奪われている、まさに現在の日本の「庶民」の姿である。

このように他人の悲劇を見て自分とは関係のない他人事としか思わない態度は、中東の事件のテレビニュースを見ている人たちの姿にも重なる。可哀そうだなとは思うのだけど、スンナ派だの、シーア派だの聞きなれないカタカナの専門用語を操った複雑な解説を聞いて、これは手の施しようのない問題だな、と思って忘れてしまう。それに中東に関心をもってください、重要な問題なのです、などと言われても、庶民は忙しいのだ。シリア難民だの、パレスチナ問題などと言われても、自分たちはもっと切実な問題を抱えていて、そんなことを考えていられない。子育てや介護で忙しいし、もし何か社会に関心をもてと言うなら、福祉や教育、環境の問題のほうが自分たちの生活にとって身近で深刻だ。まずは原発をどうするかでしょう。中東の問題など、いちいち考えてはいられない。そんな答えも返ってくるかもしれない。

2 「市民」として中東の悲劇に関心をもつ

最近、アラビア語から訳されたアル・ジャズィーラの記者の本『危険な道』(ユスリー・フーダ著/師岡カリーマ・エルサムニー訳、白水社、二〇一六年）には、アル・カーイダ幹部との生々しいインタビューの記録が載っている。９・11事件の計画にあたって、世界貿易センタービルではなく、当初、原子炉の攻撃を考えたが「収拾がつかない恐れ」があるというので止めたという話である。背筋の凍る話ではないか（最近では、二〇一六年三月のベルギー連続爆破テロの実行犯が、原発の攻撃も計画していたという話がある）。

二〇一五年の中東で最も大きな出来事の一つは、「イラン核合意」であった。ただし、依然として西側諸国の一部では、イランの核への疑念は続いている。中東唯一の核保有国はイスラエルであるが、大量破壊兵器疑惑が米英のイラク攻撃の口実とされたように、中東の核問題は、中東および世界の安全にとって最大の脅威である。近年、トルコ、エジプト、サウジアラビアなど中東の主要国で原子力発電計画が立案・発表されている。中東への原発プラント輸出は、日本のビジネスチャンスだと期待する声も大きい。一方で、日本の「原子力ムラ」の本音は、将来の日本の核武装にあるとの説も根強い。それも大いに不安ではあるが、さしあたり気になるのは、現在、既存の国家の「溶解」が起きつつあるような地域で、原発が雨後の竹の子のように増えていって大丈夫なのか、という問題である。地震列島での原発建設と比べてどちらが危ないかとも思う。

これが普通の人が常識的なセンスから覚える不安であるが、「専門家」には笑われるかもしれない。しかし、自信たっぷりな専門家の判断に誘導され、また特定秘密保護法などで基本的な情報が隠蔽され、あるとき気がつくととんでもない崖っぷちに立たされている。二〇一一年に味わった経験を庶民は繰り返したくないと思う。

このような核開発の危険性の例が示すように、今や中東で起きていることが、日本および世界で暮らす庶民の平和や安全に大きな影響を与える、そんな時代になった。中東については石油だけを考えればよいという時代は過去のことである。だからこそ安保法制の審議で理由にあげられた「ホルムズ海峡の封鎖」などというレベルの問題ではもはやないのだ。本書の第9章が説明するように、新しい安保法制の展開によって日本の自衛隊が直面するのはむしろ「複雑怪奇で終わりのない戦争」であるかもしれず、そこでは「従来アメリカが掲げてきた安全保障のモデルは通用しなくなっている」のである。

さらに今回の「ホルムズ海峡」云々という説明が道義的にも許されないのは、こうした日本の安保政策の変更を中東での戦乱にかこつけて行なっている点である。言い換えれば、それは中東の人たちの悲劇や不幸を利用していることにほかならない。しかも、これは今回に限った話ではない。すでに第1章や第12章で解説されているように、中東で戦争が起きるたびに自衛隊の同地域への関与のレベルが上がり、それと連動して安保法制が変化してきたことをもう一度、私たちは確認する必要がある。

中東の人たちの不幸を利用しながら、日本の安保体制は徐々に、そして大きく変化してきた。しかし、この期間、日本は中東の苦しんでいる人たちに対し、本当の意味で手を差し伸べる動きを示してきただろうか。日本をはじめとする「国際社会」が中東で白昼堂々とまかり通っている不正や抑圧を放置してきた結果として、現在の中東の悲劇があるのではないか。

3　私たち市民にできることとは何か

現在の中東の悲劇を考えること、その原因を探り、何かできることはないかと考えること、それは実は私たちの身のまわりの安全や平和の問題とつながっている。福島の原発事故の問題は、中東の悲劇をさらに奈落の底に突き落とす究極の地獄への道と結びついている。また、中東の人たちの不幸を自分たちの安全のための方策に使っていることをどう考えたらいいのか。「対テロ戦争」は、中東だけではなく日本を含めた市民を引き込む危険性をはらんでいる。どうしたらこうした戦争を最終的に止めることができるのだろう。

さて、以上に述べたのは、中東の悲劇と日本の平和を結びつける「理屈上」の説明の一例である。しかし、私たち市民は、理屈ではなく、もっと直感的に世界で、中東で起きる出来事、不幸を自分たち自身の問題として考えることができるはずである。専門家と称する研究者、ジャーナリスト、外交官や政治家、そうした人たちが自分たちの組織の利害に縛られていて、およそ思いもつかないような「人と人とのつながり」を、「市民」は直感することができる。自分たちに身近な介護や福祉、教育の問題を考えることと、中東の悲劇とは「いのち」の問題としてつながっている。数はまだ少ないが、この日本列島にもこうしたことに気づいて行動を始めている人たちがいる。

中東の悲劇に対して、市民はいったい何ができるのか。まずは「知ること」である。知ることとは、市民として「関心をもつこと」である。無関心の壁を破ることであり、「生活」や「仕事」「文化的な関心」といった庶民の感覚から一歩、踏み出してみることである。一方的に垂れ流される「お上」の情報を鵜呑みにしたり、専門家やテレビ解説者のわかりやすい説明に納得して、腑に落ちたりしないことである。自分のネットワークで情報をつかみ、「自分の頭で考え、こころで受け止める」ことである。本や新聞・雑誌はもちろん、中東やイスラームに関する面白そうな映画を観に行くこと（レンタル・ビデオを借りて観ること）でもよい。偏見や歪んだ報道にまどわされずに事実を知ろうとすること、根底的な問題は何かといったことに関心をもつことである。

知ることとは「つながる」ことでもある。知っていることを伝える、発信することは、自由な市民にしかできないことである。身近な人たちに、あるいは遠くの人にソーシャルメディアで伝えることは意外なほどの力をもつ。それは五年前のアラブ革命で世界の市民が知った力である。他方、難民収容所のなかで、あるいは砲火が飛び交うなかで身を縮めて暮らしている人たちに対し、自分たちを知っている人がたとえ遠くにでもいるということは大きなこころの支えになる。

4　市民の力を信ずる

しかし、知ることだけにとどまっていてはいけない、次の段階として何かしなければと市民は思う。市民ができる行動とは何だろう。一つは中東の人たちと直接つながることである。市民として遠くの市民とつながることである。日本では一九八〇年代以降、中東の人たちを支援する団体がいくつか結成され、現地で活動してきた。パレスチナ問題については、難民の子どもたちを支援する「パレスチナ子どものキャンペーン」や「パレスチナの子どもの里親運動」が代表的である。日本国際ボランティアセンター（ＪＶＣ）も現地で地域開発のための地道な活動を続けている。筆者が役員を務めている「パレスチナ学生基金」というガザ難民の大学生に奨学金を送る小さな組織もある。中村哲医師によるアフガニスタンのペシャワール会や、イラクで湾岸戦争後に増えたガンや白血病の子どもたち（劣化ウラン弾などの影響が疑われる）を救う活動を続けているＪＩＭ-ＮＥＴ（ジムネット）は、世界に日本が誇っていい運動だ。最近では、シリアでの紛争の停止を訴えるサダーカ（友情）という市民団体も組織されている。

お金や物資を届けることは、こころを届けることである。上で述べたように、私たちはあなたたちのことを知っている、何かしたいと思う、という気持ちを伝えることである。こうしたＮＧＯなどの市民団体を支援するだけではなく、地域レベルの草の根的な市民平和運動や勉強会に参加することから始めてみてはどうだろう。

また、少し判断が難しい問題と思われるかもしれないが、第13章などで紹介されているＢＤＳ運動（イスラエルの国際法に違反した入植活動に反対するボイコット運動）に市民として関心をもってはいかがだろう。かつてはアラブ・ナショナリズムの立場から「アラブ・ボイコット」が盛んな時代もあった。今や世界市民としての人権意識に立ち、パレスチナ問題の不正を許さないと訴えるＢＤＳ運動は、欧米の市民の間に着実に広がっている。「企業人」として中東とつきあう場合に、かつてのアパルトヘイト反対運動と同じく「人権」というリスクを考えないといけない時代になった。

こうした問題を考えるということは、たんなる困っている人を支え、助けるというレベルを超えて、どうして中東で悲劇が続くのか、そのために何をなすべきか、政策や政治の問題を議論するということにつながる。市民として中東に対する政策に関心をもつこと、政府や国際社会に働きかけることである。これまでの政策を市民の立場から検証し、政策を提言することである。

ごく最近の例では、二〇一五年一月の安倍晋三首相のエジプトやイスラエルでの演説と日本人人質殺害事件との関係をめぐる議論がある。[*1] また二〇〇三年の米英のイラク攻撃（イラク戦争）については、アメリカやイギリスの国会ではその妥当性をめぐって検証作業がなされた。ようやく最近になってブレア元首相も現在のＩＳ問題の原因だとその判断の過ちを認めた。これまで公的な検証作業はなされてこなかった日本だが、「イラク戦争検証公聴会」が活動を始めている。[*?]

イラク戦争では自衛隊派遣や復興事業の予算の使途についても一般には知られていない。復興プロジェクトそのものよりも多くが「警護費用」としてアメリカなどの民間軍事会社への支払いに充てられた事例もあったと聞く。日本の中東政策での予算の使途と言えば、湾岸戦争の際の「湾岸平和基金」が有名である。しかし、この約一兆五〇〇〇億円という基金の調達が当時、経費削減と九七〇〇億円の臨時特別国債の発行という国民の税金の負担でなされたことなど詳しくは普通の人は知らされていない。同基金の供与先はアメリカが一位で九一%、感謝広告に日本の名前がなかったことで問題になったクウェートは八位の〇・一%であった。またその九〇%が物資協力や輸送関連経費への支出であって、この「後方支援」は「戦費」ではない、というのが政府の説明である。

日本の安保法制の大きな転回点となった湾岸戦争は、今一度議論すべき問題である。当時、世界の平和のために軍隊を派遣できない国は「恥ずかしい」、「一人前の国家ではない」などという具合に世論が誘導された。しかし、平和憲法をもつ日本は、一九世紀の帝国主義の「ならず者国家」などではないのであり、成熟した本当の「大人の国」なら軽々しく戦争などはできないはずである。

5　中東と平和主義でつながる

日本の対中東政策、外交政策の検証だけではなく、市民として政策や制度の対案を出してみることも必要である。そこには市民ならではの知恵も発揮されるはずである。上述した市民団体サダーカの主催した勉強会では、シリア難民の若者を含めて国費留学生の特別枠をつくって日本で勉強してもらう、という提案も示された。月々の生活費一五万円として年間一八〇万円、さらに授業料六〇万円で一人の学生に計二四〇万円、四年間の大学在学で九六〇万円、一〇人で一億円、三〇人で三億円である。大変な金額と思われるかもしれないが、難民問題の最大の問題は子どもたちの教育問題であり、費用対効果も非常に大きい。イラクへの陸上自衛隊派遣では約七二二億円もの税金が使われたという。

ほかにもいくつもの対案が考えられると思う。しかし、専門家や「国益」をふりかざす「現実」主義者に対して、市民だからこそ主張できるのが、平和主義を訴え、中東の市民とつながることである。本稿を脱稿する直前の二〇一六年三月、エチオピアでＪＩＣＡボランティアが東日本大震災・福島原発事故の資料の展示を企画したところ、現地の日本大使館が「反原発的」であると難色を示し、中止に追い込まれたというニュースがあった（『東京新聞』二〇一六年三月一三日）。大震災・原発事故から五年目の日本は、こんな状態になっている。

憎しみが血の雨となって降り注いでいる現在の中東において、平和主義を普通の市民が唱えることは、大変に勇気のいる行為である。その意味で二〇一一年一月に始まるアラブの民衆蜂起（革命）において「平和主義」（スィルミーヤ）という言葉が叫ばれたのは画期的なことであった。ただしその後、アラブの市民たちの非暴力の運動は、抑圧体制の反撃と反動勢力の介入によって、血なまぐさい内戦へと暗転した。しかし、中東で、特に若い世代において、平和主義を求める声は、外からは見えないが高まっている。彼らに対し、ヒロシマ・ナガサキからの「核のない平和」の声をしっかりと届けなくてはならない。上から目線で平和主義を説くのではなく、ともにつながる連帯・互恵の精神で中東の市民たちとともに平和主義を訴えること、そのための努力を惜しんではならない。

［注］

＊1　政府の「邦人殺害テロ事件の対応に関する検証委員会」に対する批判として『後藤さんは、政府に見殺しにされた』第三書館、二〇一五年を参照。

＊2　イラク戦争と日本については『イラク戦争を検証するための20の論点』合同ブックレット、二〇一一年を参照。

（東京大学東洋文化研究所／エジプト社会経済史）

第17章

中東研究者が今考えること

戦争体験・アルジェリア独立・チュニジア市民の力

宮治 美江子

1 私の戦争体験

今回の「安保法制」に反対する第一の理由は、筆者が第二次世界大戦（太平洋戦争）の最後の戦中世代で、最終段階での一九四五年五月二五日の東京山の手の大空襲の経験者であり、戦争の恐ろしさを身をもって体験したからである。

日中戦争の激化とともに、千葉医科大学の法医学教室で副手をしていた父黒部信夫は一九三八年に母中山澄江と結婚後の三九年一月、軍医として召集され、中国の武昌《ぶしょう》の第一野戦高射砲兵司令部に配属された。そして、岳州で野戦鉄砲第一八連隊に所属してアメーバ赤痢にかかり、広島の陸軍病院へ送られ入院し、兵役解除になった。その後医大の助手になったが、太平洋戦争の勃発とともに召集され、小笠原母島から、台湾の高雄の歩兵一連隊に所属した。

大空襲の直前の三月に千葉の伯父の家にいた母と私と弟は、祖母がいた東京・世田谷の上馬《かみうま》に移った。その頃は空襲もかなり頻繁になっていた。毎晩のようにラジオからは、「敵機来襲！　敵機来襲！」と緊急放送があり、間もなく「ウー、ウー」というサイレンが鳴り響き、するとと間もなくアメリカの戦闘機Ｂ29が、六機とか八機の連隊を組んで、ブーンという不気味な音を響かせて飛来し、バラバラと焼夷弾を落としていく。人びとは屋根に登って焼夷弾を消し止めたり、防空壕に避難したりしていた。

五月二五日は特に空爆がひどく、とても家にいられる状況ではなく、防空頭巾を被り、水と煎り米をもって爆弾を避けて逃げまわった。あちこちで火の手が上がり、夜でも空は真っ赤で明るく、四軒先の家のそばに小川が流れていたが、小橋を渡って逃げる途中、先の大きな橋のたもとで、その四軒先の二階家が真っ赤に燃えてザザーと川に崩れ落ちるのを見て、もう自宅も焼けてしまうだろうと思った。その地区ではタンチ山というところが避難場所になっていたが、母があそこには逃げたくないと言って行かなかったところ、そこに集まった多くの人が爆撃や機銃掃射で亡くなったと後で聴いた。民家の軒先で休んで、煎り米を食べたりしながら逃げ、夜が明けて爆撃が収まってから、幸い焼け残った家に戻った。そのときの空襲の恐ろしさはトラウマとなり、中・高校生の頃まで、時々戦火のなかを逃げ惑う夢を見て目覚め、ああ戦争でなくてよかったと心から安堵した。

母の麻布の実家も焼け、母方の大叔母の紹介で千葉県の印旛沼に近い山田の農家の家に間借りして六月下旬に疎開した。上馬では一年生に入学することもなく村の小学校に七月上旬に初めて通うことになった。一方、母の次兄は、中国軍との激戦でほぼ全滅した有名な加納部隊の四人の生き残り（無傷二名、重傷二名）の重傷の一人で、傷病兵として帰国後何回も手術をしたが、身体中に残った弾の破片を取りきれず、時々破片が表面に出て具合が悪くなるので定職に就けず、一生苦労して亡くなった。三兄は戦地で結核になり帰国して実家で療養一年後に亡くなった。小さいときに可愛がられたが、祖母の家の庭にいたとき離れから名前を呼ばれ、傷病兵の白い服姿の伯父を見たのが最後だった。母の弟は特攻隊員として出撃したが、機械の故障で海に不時着し、助けられて生き残った。父は終戦の翌年七月にようやく帰国し、横浜市鶴見区の平和病院に勤務した。

戦争の本当の怖さを知らない政治家たちが、自分たちは直接戦うことなく、若者たちを戦場に送り出すことに熱心な国にまた日本が戻ることには絶対反対である。

2　アルジェリアの独立戦争と日本

私が北アフリカに関心をもち、のちにマグリブ（日の沈む地）地域研究者になったのは、東京外国語大学のフランス語科に入り、誘われて入ったフランス現代史サークルで初めてフランスによる北アフリカ植民地化の詳しい歴史を知ったからであった。モロッコとチュニジアはすでに一九五六年三月にフランスの保護領から独立していたが、アルジェリアは五四年一一月一日の革命勃発から九〇〇万の人口のうち一〇〇万人近い犠牲を出しながら、過酷な独立戦争を戦っていた。ちょうど日本は六〇年の日米安保条約反対闘争が激しさを増し、大学に行けば「デモ行きませんか」と誘われ、都心でのジグザグデモにも参加した。六〇年の国会議事堂前のデモ・集会で、東大生の樺美智子さんが亡くなった。そうした政情のなかで私たちは、独立戦争の最終段階で、フランスのマシュ将軍による壮絶な空爆や、厳しい拷問に耐えて闘うアルジェリアの人びとに強く共感したのである。

当時東京にはアルジェリアの民族解放戦線（FLN）の代表部があり、政治家の宇都宮徳馬や社会党の議員などが支援していた。アルジェリアは一九六二年に独立を勝ちとった。六八年四月に、アジア経済研究所から自主管理農場調査のために派遣された夫一雄と幼い息子と一緒に行ったときには、まだ戦争の傷跡はあちこちに残り、人びとの生活も貧しく、裸足の子どもたちも多かったが、人びとは独立後の国づくりの意欲に燃えていた。国の中枢を握っていた約一〇〇万人の植民者が機材もろとも引き揚げた空白のなかで、若い人びとが重要なポストに就き頑張っていた。

二〇一二年一一月一日、革命勃発五八周年のアルジェリアを訪れたが、一〇日間の滞在中、毎晩テレビでは、独立戦争当時の映画や衝撃的なドキュメンタリーが放映され、戦争を知らない世代への記憶の継承に対する、知る世代の強い意志を感じた。二〇一四年にアルジェリアと日本で同時出版された『日本・アルジェリア友好の歩み――外交関係樹立五〇周年記念誌』（千倉書房）には両国関係者が寄稿（私もアルジェリア研究四五年を回顧）、編者の一人であるアルジェ大学デベシュ教授は、日本が西側と同盟を結んでいるのは事実だが、アルジェリアが日本に対して政治的に前向きな見方をしてきた大きな理由として、独立戦争のピーク時に在日フランス大使館の強い反対にもかかわらず、民族解放戦線の事務所開設を許可したこと、米国が非人道的な破壊行為としての原爆投下をしたが（アルジェリアも独立直前の六一、二年のフランスのサハラ砂漠での核実験で住民数千人が被曝）、なんとか日本社会が団結して、教育に力をそそぎ、軍事費の制限をしつつ、日本の高い技術と伝統文化の融合で戦後の復興を果たしたことをあげている。当然これまでの日本の平和憲法順守と専守防衛のための比較的抑制した軍事費に好意的だったのである。今や五兆円を超える軍事予算に加えて海外で戦える軍隊を派遣したら、そうした評価はどうなるであろうか。

3 チュニジア市民の力

二〇一五年一二月、チュニジアの四団体、労働者総同盟（UGTT）、工業・商業・手工業者連合（UTICA）、人権団体（LTDH）、弁護士団体（TBA）が、ノーベル平和賞を受賞した。

二〇一一年にチュニジアで民衆革命が起きたとき、前年ジョイント・セミナーで来日したチュニス大学の経済社会研究所長のエル＝アナビ氏からメールが届いた。彼がこの革命の特徴として強調したのは、民衆の文化的成熟度と軍隊が革命に冷静に対応したことであった。私も一九八二年と九四年に、チュニスの旧市街（メディナ）で都市化と家族の変容の調査をしたときに印象的だったのは、チュニスの伝統的都市文化の高さであった。チュニジアには、フランスの保護領時代以前から、文化程度の高い都市民層があった。独立後は国が若者の教育に多くの予算を投じた。

革命後、それまでベン＝アリ政権によって弾圧されていたイスラーム政党のナハダ党が第一党になり、さまざまな混乱と困難な状況が生じた。このとき、ナハダ党とリベラル二政党の対話を仲介し、戦うことなく対話を通して立法議会選挙を行ない、大統領と首相と国民議会議長のポストを分け合いつつ、二〇一四年一月二六日には新憲法を制定し、立憲主義と民主主義を守ることができたのは、まさに上記四団体の努力と、それに応えることができた市民の力であった。それに対する総合的評価がノーベル平和賞につながったのである。とりわけチュニジアの女性たちが革命の最初の段階から積極的に参加し、憲法における男女平等条項を勝ちとったことも忘れることはできない。

もちろんチュニジアでも国の内外からの過激主義者やテロの脅威はいまだに大きいが、あくまで、暴力や軍事力に訴えることなく、対話を通して新しい国づくりをめざすチュニジアには希望の光がある。私たち日本国民も、軍事大国の方向に大きく舵を切ろうとする政治には、はっきりと反対の意思表示をし、平和に暮らせる国を子や孫たちの世代に残すために行動する必要がある。

（東京国際大学名誉教授／文化人類学）

第18章

宗教の暴力を防ぐために

イスラームをめぐる平和をめざして

塩尻 和子

1 魂の救済装置

歴史を生き延びてきた宗教は、人間の「魂の救済装置」として意味があるとみなされてきた。宗教が現実に魂の救済装置としての役割のみをもつとすれば、問題はないであろう。どの宗教もそれぞれの救済装置のなかでは平和的であり、イスラームもまたイスラームという枠内では「平和の宗教」である[*1]。崇高な理想を標榜する仏教やキリスト教と比べると、イスラームは日常生活をも宗教生活に含めるというきわめて実際的な救済装置をもっている。しかし、現在の世界で大問題となっているイスラーム過激派による暴力行為やテロ事件などの要因が短絡的に、イスラームという宗教の教義そのものに帰されることが多いために、イスラームが「平和を教える宗教である」などという見解は大方の読者の予想を覆し、反感を買うことになるかもしれない。

イスラームは、今日ではキリスト教に次いで世界第二位の宗教勢力を擁しており、あと一〇年か二〇年のうちには、世界第一位の信者数をもつようになると予想されている。頻発するイスラーム過激派による紛争やテロの影響によって、イスラームは「テロリストの宗教」、「伝統墨守の後進的な宗教」などといった偏見と蔑視の的となっているが、それにもかかわらず、信徒数は増加し続けている。それは、いったい、なぜなのか。この「なぜ」を理解することこそが、今日の宗教と平和を考えるうえで最も重要な課題である。

この「なぜ」を理解する一歩としてイスラーム史を概観すると、イスラームが発祥してから今日まで政権交代劇や社会の不安定が多く見られたにもかかわらず、ユダヤ教やキリスト教と比較して、戦争や流血の惨事が非常に少なかったことが明らかにされている。最近の研究によっても、イスラーム世界は、一四〇〇年にわたってつねに混乱しており戦乱下の不穏な社会であったという通説は、歴史的に見て正確なものではない。特に今日の泥沼化した紛争や騒乱は、一九四八年のイスラエル国の建国にともなう政治的混乱と、二〇〇一年にアメリカで起こった同時多発テロ事件後の国際政策の失敗に起因するものであり、イスラームという宗教の教義や性格によるものではない。

2 戦争と宗教

いったい「戦争」は、誰が引き起こすのだろうか。悲しいことに、有史以来、この地球上にこんにちまで、一日も一時も戦争が止んだときはない。

それでは、戦争のない世界、平和な世界は何によってつくられ、何によって守られるのか。憲法か政治か倫理か宗教か？　これらのなかでも宗教は本来、人間にとって魂の救済装置でもあり、この地上に平和な世界をもたらす役割を与えられてきたはずである。そういう意味では、特に歴史を生き延びてきた宗教が背負う役割と責任は決して小さくはない。

しかし歴史を俯瞰すると、一般に戦争は政治によって惹き起こされるが、いったん、起こされた戦争は、宗教によって長引かされるという事例が多い。中東地域で勃発する戦争や紛争には、必ずと言ってもいいくらい、このパターンがついてまわる。特に政治と宗教が結びついた場合には、戦争は長期化し泥沼化しやすい。現実にイスラームを旗印にして残虐行為を繰り返すいわゆる「イスラーム国」だけではなく、解決の糸口さえも見えてこないパレスチナ紛争でも、宗教は戦争を止めるためにではなく、逆に双方の暴力を正当化するための大義名分として利用されている。

同じ伝統上に発祥し同じ神を奉じる「アブラハムの宗教」、つまりユダヤ教、キリスト教、イスラームの信者数は世界人口のほぼ六割を占めるが、これらの宗教が過去から現在にいたるまでの、あらゆる相克と対立の中心的な役割を演じてきたことは、否定できない。

一般に、一神教であれ多神教であれ、どの宗教にも「魂の救済装置」としての本来の役割と、他者を排斥する暴力的な要素という、コインの表裏のような二面性が見られる。特に、ユダヤ教の「聖戦思想」や、キリスト教の「正戦思想と十字軍思想」、イスラームの「ジハード*2」には、それぞれに共通する概念が存在する。つまり、宗教を背景にした暴力は、神から命じられた崇高な使命なのだと信じられている点であり、この点が宗教と暴力を考えるうえできわめて厄介な問題である。

ユダヤ教、キリスト教、イスラームのセム的三宗教（ヘブライ語やアラビア語などのセム系言語を母体とした宗教）のなかで代表的な教えは、イエスの「山上の垂訓」であろう。マタイによる福音書では以下のような「究極の愛」を教えている。

あなたがたも聞いているとおり、「目には目を、歯には歯を」と命じられている。しかし、わたしは言っておく。悪人に手向かってはならない。誰かがあなたの右の頬を打つなら、左の頬をも向けなさい（マタイ、五章三八～三九節、新共同訳『聖書』日本聖書協会）。

「目には目を、歯には歯を」という報復罰は古代のメソポタミア一帯に伝統的に存在した戒律であり、ユダヤ教もイスラームもこれを継承している。報復罰は一般には野蛮な罰則規定であると受け取られることもあるが、「目をやられたら、報復は目だけにしなさい」という、報復行為がそれ以上に拡大しないように制限をかけた規定である。この戒律を遵守することは神の意志に従うことであり、それによって社会の平安が保たれる方途でもあったが、イエスはこれらの規範をあえて破るような説教をすることによって、無償の愛に基づく隣人愛の本質を教えようとしたのである。

しかし、世界史を見れば、「敵をも愛せよ」というほどの究極の隣人愛を掲げるキリスト教も、政治的社会的側面にかかわり続けてきた。霊肉の二元論の立場から精神世界を世俗世界より上位に据えたはずのキリスト教においても、西暦三九二年にキリスト教がローマ帝国の公式宗教として採用されてからは、教会権力が政治的営為に参加してきた。西洋近代の市民社会が、このような教会権力と政治権力との結びつきを排除する「政教分離」を基盤として出発したことは、まさに当然の歴史的帰結であった。しかし、これは双方の権力を分離することによって、政治権力の独立性を擁護するものであって、宗教理念と政治理念との「分離」ではなかったことに注意を払わなければならない。

一方、イスラームの教義では、精神的側面のみを上位におくことをせず、現実社会から逃れて魂の救済を求めるような思想や、実現不可能な究極の愛の精神などは、教えられていない。むしろ、人間的な日常生活を営み政治参加をすることにおいて神に従うことが求められている。つまりイスラームは在家の宗教なのであり、信者はみな社会生活を営むことそのものが、信仰生活であり宗教的修行となる。この立場は、人の命を考える際にも生きてくる。

高邁な隣人愛を掲げるキリスト教では、霊肉二元論の立場から、生物学的な生命よりも、信仰による「永遠の命」が強調され、現実的な生命倫理よりも来世での復活が強調されている。「人の命」の源が神であるという基本的な人間観、つまり「人間は神の被造物である」という立場は、ユダヤ教もキリスト教もイスラームも変わらない。しかし、イスラームでは、むしろ、人間の責任において人の命を守ることが教えられている。イスラームの聖典「クルアーン」には、まさに今日の過激派の暴力を戒めるような神の言葉が見られる。

人を殺した者、地上で悪を働いたという理由もなく人を殺す者は、全人類を殺したのと同じである。われは（神は）人の生命を救う者は、全人類の生命を救ったのと同じである（と定めた）。そしてわが使徒たちは、かれらに明証を齎した。だが、なおかれらの多くは、その後も地上において、非道な行いをしている（クルアーン五章三二節）。

3　命の価値の差

宗教的暴力の背景にはさまざまなことが考えられるが、基本的には「神の意思」を背景にしていると思われる。一般に犯罪者の心理には、自分が「悪」を行なっているという罪の意識が潜在的にあると見られているが、宗教的暴力の実行者にはそのような犯罪者意識は見られない。彼らは誰よりも真摯で敬虔な篤信家であり、自己の不当な欲求の充足のために暴力を実行するのではないからである。

宗教的暴力はまた「来世」思想とも結びついている。暴力の実行者は、世俗世界の官憲によって拷問を受けたり、死刑に処せられたりするであろう。しかし、来世では永遠の生命に与るという教義は彼・彼女を勇気づける。

誤解のないように繰り返して言っておくが、このような宗教的暴力は、ある条件下では、あらゆる宗教に生じる可能性があり、特定の宗教にだけに発生するものではないということを、私たちは肝に銘じなければならない[*3]。

こんにちの紛争を考える際に、改めて注目しなければならないことは、宗教によって異なる人間の「命の価値」の差である。いわゆる「イスラーム国」やアル・カーイダなどの残虐な行為は、国際的には「テロ」とみなされているが、人命を奪う行為としては、欧米の有志連合が行なう戦闘行為も、過激派が行なう戦闘行為も、どちらも人命を奪う暴力的行為である。「イスラーム国」やその支配地域だけではなく、内戦が止まないシリアやパレスチナでは、多くの市民が毎日のように被害を受けている。空爆や地上戦によって、過激派の戦闘員よりも一般市民のほうが多く殺害されていることは、派手な宣伝合戦の背後に隠されて、報じられることが少ない[*4]。

二〇一五年一一月のパリの同時多発テロ事件の被害者は世界中から手厚く悼まれるが、中東地域の一般市民、特に将来を担うはずの子どもたちの死は、世界から悼まれることもなく、彼らの悲劇はいつも忘れられやすい。「悼まれる死」と「悼まれない死」との、その命の価値の差異の大きさが、武力攻撃とテロという報復の連鎖を生むことにもつながる。

4　「戦争をしない」という勇気を

私たちが今「戦争をしない」ためには、どうすればいいのか。

本来、人間の精神に「平和を作り出す」役割をもった宗教が、歴史のなかでも、こんにちでも、社会に平和を作り出す役割を果たすことができていないということは、宗教そのものにではなく、それらの宗教を信仰する人間の側の責任である。次の世代が生きる時代を、戦争と殺戮の時代としないために、今こそ私たち、一人ひとりが、深く反省をしなければならない。

ユダヤ教・キリスト教・イスラームでは、人間が神によって創られた「被造物」であり、同一の祖先をもつ「アダムの子ら」である。人間という存在が、限られた命ある存在としての共通性を意識することによって宗教の差異を超えて、さらに国家、民族、社会階層、文化、言語などの差異をも超越して、「共生と協働」の次元を造ることが可能となるはずである。神や神々、仏などのさまざまな崇拝対象のもとにあっても、あらゆる差異を乗り越える、このような共通の次元こそが、宗教本来の教えではないであろうか。

私たちは、宗教の安易な政治的利用を拒否し、暴力やテロの温床としての宗教ではなく、むしろ「暴力抑制機能」としての宗教の働きを、「平和構築の牽引車」としての宗教の役割を、改めて考えるべきである。そのための重要な第一歩として、イスラーム理解とムスリムとの対話と共存が、今ほど求められている時代は、ないであろう。

［注］

＊1　本稿で、宗教名であるイスラームに「教」をつけないのは、「イスラーム」自体に「教え」という意味が含まれるからであるが、イスラーム教としても、間違いではない。イスラームと他宗教との相互関係と共存に関しては、拙著『イスラームの人間観・世界観』（筑波大学出版会、二〇〇八年）第四章、第五章。同『イスラームを学ぼう』（秋山書店、二〇〇七年）第一〇章、第一三章などを参照。

＊2　クルアーンではジハードは「奮闘努力」と訳される。義務としてのジハードには、宗教的修行とされる「大ジハード」と戦闘的な「小ジハード」に分けられるが、宗教的修行のほうが上位だとされ、必ずしも「聖戦思想」につながるものではない。戦闘的なジハードは、外部から侵入する異教徒に対抗する防衛戦争を指すが、安易に発生しないように厳しい制約が課されている。イスラームとジハードの問題については、中田考『イスラーム　生と死と聖戦』（集英社新書、二〇一五年）二八頁。前掲『イスラームを学ぼう』第一一章、第一二章を参照されたい。

＊3　マーク・ユルゲンスマイヤーは「暴力と戦争はいつも宗教的イマジネーションの一部であったし、宗教戦争のイメージはあらゆる宗教伝統の歴史と神話の一部であった」（『宗教研究』三四二号、二〇〇五年、三〇頁）と言明。またヒックは、キリスト教もイスラームも、早期から暴力に加担したと説明している。John Hick, 1997, "Jesus and Muhammad" in *Islam in a World of Diverse Faiths*, ed. J. Hick, Hampshire, London, rep. pp.114-115.

＊4　二〇一五年一二月三日のＡＦＰ報道によれば、シリア内戦による犠牲者はこの四年間で二〇万人を超え、ＵＮＨＣＲによれば難民も四七〇万人を超えている。

（東京国際大学特命教授／イスラーム神学思想）

第19章

中東と世界の未来のために

歴史的正義回復に向けた市民運動を

岡野内 正

1 中東で今すぐやるべきこと——日本からの提案

暴力の停止

日本に住む者から、現在の中東と欧米の人びとに向けて、以下のような提案ができれば、すばらしい。それは、次の三つの段階を踏む歴史的正義回復の道筋だ。[*1]

第一に、すべての当事者が行使しているあらゆる暴力の停止だ。これについては、特に説明を要しないだろう。突出したシリア、イラク、パレスチナとイスラエルだけでなく、アフガニスタン、ソマリア、スーダンその他中東各地での武力衝突をイメージしている。要するに、日本政府外務省の危険情報のサイトで「危ない」ところは、現地の人にとっても危ない。それをなくそうという呼びかけだ。

中東地域人類遺産相続基金の設置

第二に、中東地域人類遺産相続基金の設置だ。それは、次のような口上から始めてもいい。

「欧米諸国のこんにちの繁栄は、中東を植民地化しながら貿易のために運河をつくり、石油を安く利用することで達成されました。それは数百年にわたって中東の人びとが暴力的に権利を奪われたことも含む、地球上に生きたすべての先人の苦労のおかげです」。

核心部分は、次のくだりだ。

「欧米諸国、および中東産油国の政府が、このような先人の苦闘に敬意を表し、かつて欧米諸国が中東諸国住民の権利を暴力的に奪ったことを歴史的不正義と認め、現在の各国で年々生産される富には人類全体が所有権をもつべき歴史的共通遺産の果実が含まれており、各国の富を合わせたうち少なくとも人類全体の生存に必要なだけの富は、人類全体の共通遺産の均分相続分として、全人類一人ひとりに対して配分されるべきことを認め、まずは紛争で苦しむ中東地域のすべての住民を対象とするベーシック・インカム（すべての個人向け、月極め、生涯継続、無条件、最低生活保障水準額の現金移転）保障[*2]を実現するための中東地域の人類遺産相続基金を設置することを提案します」と。さらに、こんな提案を付け加えると効果的だ。

「日本政府は、二〇世紀初頭の大日本帝国時代に欧米列強の中東植民地化を認めることで歴史的不正義に加担したこと、二〇世紀後半には中東諸国の石油に依存して、こんにちの日本の富を形成してきたこと、したがって日本で生産される年々の富の一部も人類の共通遺産であると認め、その富を中東地域の人びとともに相続すべく、日本の富の一定部分をこの基金に拠出します」と。

基金の財源の見通しに関しては、次の提案も忘れるわけにはいかない。

「これまでの人類の遺産の大部分は、こんにちでは、大規模な多国籍企業のもとにあってグローバル経済を動かすために使われています。したがって、多国籍企業の管理下にある人類遺産からの収益も、人類全体への公正な均分相続に用いられるべきです。ところが、多国籍企業の収益の多くは、世界のどこの国からも課税されていません。この基金は、多国籍企業の人類社会への貢献に最もふさわしいものです。日本政府は、この基金の財源として、各国政府と共同して、多国籍企業への国際課税の仕組みをつくることを提案します」。

人類遺産相続基金の管理のための共同体——透明性と直接民主主義

基金の管理は、重要なポイントだ。

「この基金の管理のために、中東諸国政府は、中東地域の人類遺産相続基金共同体を結成する。この共同体は、全住民が、人類遺産の正当な均分相続権をもつ者として、毎月のベーシック・インカム受領を認証する当事者として参加する居住地域ごとの小規模な公開集会を基礎組織として構成され、ベーシック・インカム保障の実現が検証できる透明性を確保する。すなわち、人類遺産の状態とそれを用いた収益の配分状況は、その所有者一人ひとりに対して公開されねばならない。基金の管理は、全員参加の直接民主主義によって運営される基礎組織の多数によって信任される者が、行なうものとする」。

欧米諸国も日本も、そして地元の中東諸国も、政府は口が出せない。あくまでも、目的を、単純明快な人類規模のベーシック・インカム保障の実現に限って、直接民主主義の住民組織の大規模な連結を実現してしまうところがミソだ。

2 歴史的正義回復

歴史的正義回復プロセスの開始

「限りある富を奪い合った先人の時代は終わりました。私たちは、豊かな富を生み出す力を人類にもたらした先人の苦労に敬意を表します。同時に、争いをもたらした先人の間違いは正して、先人からの贈り物を兄弟姉妹として平等に分け合い、次の世代に残していきます。お互いの自由を尊重しながら、自分の人生を素敵にすることを考えましょう」。

そんな呼びかけだけでも、中東では、ずいぶんな反響があるはずだ。しかし同時に、それだけでは納得できない人も多いだろう。殺したほうも殺されたほうも、傷ついた心が癒され、目に焼き付いた血の色が消えないかぎり、血染めの世界は消えない。奪われた物や土地など、共通遺産の相続だけでは収まらない個別の所有権の侵害への怒りも消えない。

提案の第三は、そんな傷ついた心の癒しと、個別の権利侵害に対する正義回復のためのものだ。

「私たちは、兄弟姉妹です。先人の遺産と、それを公正に相続しようという私たちの決意のおかげで、今では、日々の生活の心配に煩わされずに生きることができます。これまでに起こったことは何だったのか、事実と突き合わせて、じっくりと考え、ゆっくり話し合うことができます。まず、お互いの苦しみを聞きましょう。そこから、何が起こったのか、事実を明らかにしていきましょう。そして、これから起こってはならないことをはっきりさせましょう。思いがいたらなかったために人の身の上にもたらした苦しみを認めたら、言葉をかけましょう。そして同じことを繰り返さないという思いを伝えましょう。取り返しのつかないものを奪ったことに対して、もとに戻す努力を示しましょう。そんな言葉と心の伝え合いを通じて、やってはならないことをやってしまった苦しみ、やられてしまった苦しみからすべての兄弟姉妹が抜け出せるようにしましょう」。

歴史的正義回復審判所の設置

つまり、歴史的不正義についての、加害と被害との全当事者が参加する、証言集会を含む事実関係の調査、謝罪、補償、という歴史的正義回復のプロセスだ。したがって、こんな提案が付け加えられることになる。

「人類遺産相続基金共同体は、人類遺産の全人類による均分相続権を実効あるものとするためのべーシック・インカム保障を行なうとともに、それを正義回復に基づく確固としたものとするために、歴史的正義回復審判所を併設します。歴史的不正義についてのあらゆる申し立ては、この共同体の基礎組織の全住民集会を通じて審判所に受理され、審判所によって一連のプロセスが進められます。審判所の運営と必要な資金は、共同体が負担するものとします」。

しかし、同時に次のような呼びかけも必要になる。

「中東地域の人類遺産相続基金共同体の設置と並んで、欧米地域住民へのベーシック・インカムおよび歴史的正義回復プロセスを保障する基金共同体（そして審判所）の設置も強く呼びかけます。それは中東地域の基金共同体を安定させるためにも必要なのです」。

3　パレスチナ問題の解決

パレスチナの場合

中東での歴史的正義回復のためには、欧米でのそれも必要なのだ。その理由を、パレスチナを例にとって、具体的に想像してみよう。[*3]

イスラエルとパレスチナ（さらにレバノン、シリアなど他のイスラエル隣接諸国も）との間で、政府間だけでなく、非政府武装組織も含んだあらゆる暴力の停止に続いて、中東地域全体の人類遺産相続基金共同体が発足し、全住民が毎月、最低生活に必要な金額を無条件で受け取る。ナミビアなどの社会実験[*4]で明らかになったように、これまで雇い口を見つけられなかった老若男女は、そのお金を元手にちょっとした商売を始めるだろう。栄養状態もよくなり、健康も回復し、自分のお金で生活できることで自信を取り戻した人びとによって、住民コミュニティが活性化してくる。人類遺産の相続権者としてベーシック・インカムの受領を確認し合う毎月の居住地区の全住民集会への出席も楽しく、人びとが自由に発言できる場となる。そこからさまざまな活動が生まれるかもしれない。

そんな人びとのパワーを背景に、壮大な歴史的正義回復のプロセスが開始される。同時並行で、あらゆる被害や加害の訴えに基づいて、当事者や関係者あるいはその子孫が公共の場で証言し、証言とともに資料調査も行なわれ、じっくり数年間の時間をかけて、事実解明の報告書が出され、それに基づいて、謝罪と補償の勧告が行なわれていく。

イスラエルの東欧出身ユダヤ系移民

イスラエル住民の大部分を占めるユダヤ系住民のさらに大部分を占める移民とその子孫は、被害者であると同時に加害者として歴史的正義回復のプロセスに参加することになる。

イスラエルのユダヤ系移民のほとんどは、自分自身あるいは、父母、祖父母の世代にさかのぼる被害者としての記憶をもつ。それは、ヨーロッパ（とりわけ東欧）出身の場合は一九世紀末から第二次世界大戦直後にいたる時期に、中東諸国出身の場合はむしろイスラエル国成立後に、出身地で受けた暴力と財産略奪の記憶だ。それは、生まれ育ち、住み慣れた地を後にするきっかけとなった忌まわしい記憶でもあるだろう。

しかし二一世紀に入ってからの筆者の現地調査の印象にすぎないが、最近のイスラエルでは、特に東欧出身のユダヤ系移民の間では、出身地訪問やイディッシュ語のような祖父母の世代の東欧ユダヤ系住民の母語を学ぶことが静かなブームになっているようだ。同時に、たとえばポーランドの古都クラクフのユダヤ人街にあるユダヤ系住民コミュニティ・センターには、「ポーランドは世界で最も安全な場所」といったポーランド政府のポスターが貼ってあり、ユダヤ系住民の帰還を歓迎するムードだ。筆者訪問時のセンター長はイスラエルからの移住者だった。

歴史的正義回復審判の証言と事実調査は、現在の居住地と出身地との両方で、人類遺産相続基金共同体の住民集会を基盤に行なわれる。イスラエルに住むユダヤ系移民は、東欧や中東の出身地の住民集会に出向いて、加害者あるいはその子孫と対面し、公共の場でお互いの記憶を証言し合うことになる。

パンドラの箱

これを実現させるには、東欧諸国を含む欧米にも人類遺産相続基金共同体が必要だ。歴史的正義回復には、第一に、当事者全員に生活の余裕があって、じっくりと過去と向き合える時と場が不可欠だ。第二に、全員が自分の歴史的正義回復にも取り組まねばならない。ユダヤ系住民に対してはほぼ加害者だった東欧諸国の人びとは、ソ連とつながる社会主義時代に加えて、ドイツ、オーストリア、ロシアといったかつての帝国時代には被害者であり、膨大な歴史的不正義の記憶をもつ。ユーゴ紛争を思い起こせば明らかなように、異様に複雑な東欧諸国住民の間での入り組んだ暴力と略奪の歴史が、ていねいに時間をかけて、居住地レベルで解きほぐされていく必要がある。

さらに、圧倒的に加害側の旧帝国住民についても、第二次世界大戦後に数百年にわたる居住地を追われたロシア東欧諸国からの数百万のドイツ系住民追放、ロシア革命後の干渉戦争などの被害の記憶が掘り起こされ、歴史的正義回復プロセスに乗せられねばならない。

それだけではない。住民個々人のレベルまで降りてくれば、歴史的不正義として、民族（ネイションあるいはエスニシティ）の差異だけでなく、階級やジェンダーの差異に基づく暴力と略奪の記憶も掘り起こされてくる。不遡及の原則や時効などによって過去のこととして封じ込められてきたパンドラの箱が開け放たれ、暴力への衝動に結びつくあらゆる怨念が当事者（あるいはその子孫）を含めて公の場で語られる。そこから、より十分な思いの伝え合いに基づく世の中の仕組みを創る自信が生まれる可能性が開ける。

イスラエルからやってくるかつてのユダヤ系住民（あるいはその子孫）の申し立ては、血塗られたヨーロッパ史のほんの一事例だ。だが、それは、他の事例と同じように、ていねいに処置されていくことで、新しいヨーロッパ史を創る力になっていく。それは、ヨーロッパだけにとどまらない。パレスチナに目を転じよう。

パレスチナのアラブ系住民とパレスチナ難民

イギリス委任統治領パレスチナに住んでいたアラブ系住民とその子孫は、一九四八年のイスラエル建国とそれ以後の戦争と入植政策によって大きな被害を受け、イスラエル、占領地、そして中東各地の難民キャンプなどに住んでいる。中東全域にわたる人類遺産相続基金共同体の基礎組織での歴史的正義回復プロセスによって、アラブ系住民のなかでも土地を追われた難民は、現在の居住地と、今はイスラエルとなったかつて自分の居住地とを往復しながら、住民集会で行なわれる各種の公開証言に参加することになる。

先述のように筆者は二一世紀に入って、ポーランドの古都クラクフのかつてのユダヤ人街を訪ねたことがある。観光客でにぎわうシナゴーグ（ユダヤ教の礼拝所）のドームがそびえる古い街並みのあちこちには、今でも空き家のまま荒れ果てた一角があって、おそらく強制収容所に送られたまま帰らなかったかつての住人をしのばせる。クラクフに近いアウシュヴィッツ博物館にずらりと並ぶ殺された人びとの顔や遺品などが浮かんでくる。と同時に、筆者の脳裏には、突然、今ではイスラエルになっている港町ハイファの駅前大通りのあちこちで荒れた空き家を見たときに脳裏に現れたパレスチナ難民の横顔が浮かんだ。ハイファを訪れる数年前に、海辺にあるレバノン南部のパレスチナ難民キャンプの墓地で話をし、祖父はハイファ出身だと言ってはるか南の空を見つめた若者の横顔だ。イスラエルの爆撃で殺された難民の墓の前だった。

イスラエルの東欧出身のユダヤ系住民は、歴史的正義回復プロセスのなかで、被害者として東欧諸国の住民と、加害者として難民キャンプの住民と対面するうちに、筆者が感じた以上に、歴史的な暴力の連鎖を痛感する機会が増えていくことだろう。

イスラエルの中東出身のユダヤ系住民の場合には、凄惨な暴力の記憶が生々しいシリアやイラクも含む中東全域で進む歴史的正義回復プロセスのなかで、中東諸国を被害者として訪れることで、やはり同様な機会が増えていくことだろう。

パレスチナ問題は、以上のように、暴力の停止、人類遺産の均分相続による生存のための闘争からの解放、歴史的正義回復プロセスのなかでの当事者間の思いの伝え合い、という三段階の日本政府からの提案によって、解決される。それは、国家の樹立に向けたこれまでのさまざまな解決案の難点をはるかに超えて、民族、階級、ジェンダーの差別に基づく暴力に苦しんできた人類史の新しい出発点になるだろう。

4　日本で今すぐやるべきこと――東アジア人類遺産相続基金共同体の呼びかけ

東アジア人類遺産相続基金共同体

ここまで読んできた読者は、すでにお気づきのことだろう。憲法前文で宣言した「名誉ある地位」を捨て、東アジア諸国とこんなにぎくしゃくした関係の日本政府がそんなことを呼びかけても、説得力がない。まず東アジアに、次いで東南アジアや太平洋諸国へ、呼びかけたらどうか、と。

まったくそのとおりだ。大日本帝国時代の侵略と植民地支配の記憶は生々しい。基金への拠出と合わせた日本からの歴史的正義回復の呼びかけは、特に東アジアでは強烈なインパクトをもつはずだ。日本だけでなく韓国や中国や台湾の多国籍企業を合わせれば、東アジアの多国籍企業と各国政府は、今や人類の共通遺産の大きな部分を握っている。資金面から見ても、人類遺産相続基金共同体は、東アジアから開始できる。

あの膨大な世界最大規模の中国農村と北朝鮮の極貧層、中国の都市部、台湾、韓国、日本の不安定就労層の生活が人類遺産相続基金のベーシック・インカムで保障され、生存の心配から解放される。[*5]

同時に開始される歴史的正義回復プロセスのなかで、パンドラの箱が開けられ、中国大陸、朝鮮半島、日本列島、台湾のあらゆる過去の暴力と略奪が全住民集会の場で語られ、じっくりとていねいに処理されていく。もはや、各国政府や権力者に規制・買収されたマスメディアが、歴史解釈を独占して人びとを煽動する余地はなくなる。政府そのものの姿も変わってくる。

そんな呼びかけができる日本政府をつくること。そのために、できるだけ多くの人とこのような見通しを分かち合っていきたい。

〔注〕

＊1 岡野内正「植民地化不正義審判所の可能性――最近の先住民研究に触発されての一試論」『アジア・アフリカ研究』三八二号（二〇〇六年四号）二～三七頁、同「〈民族〉を超える〈部族〉――『暴力の文化』を克服する公共圏の創出」佐藤成基編『ナショナリズムとトランスナショナリズム』法政大学出版局、二〇〇九年、同「人類史の流れを変える――グローバル・ベーシック・インカムと歴史的不正義」田中優子ほか編『そろそろ「社会運動」の話をしよう――他人ゴトから自分ゴトへ。社会を変えるための実践論』明石書店、二〇一四年、参照。

＊2 岡野内正『グローバル・ベーシック・インカム構想の射程』法律文化社、二〇一六年刊行予定、参照。

＊3 岡野内正「パレスチナ問題を解く鍵としてのホロコースト（ショア）とナクバに関する正義回復（リドレス）」上・中・下『アジア・アフリカ研究』三八九号（二〇〇八年三号）一六～三〇頁、三九〇号（二〇〇八年四号）二～一三、六四頁、三九二号（二〇〇九年二号）五五～八四頁、参照。

＊4 岡野内正ほか著・訳『グローバル・ベーシック・インカム入門――世界を変える「ひとりだち」と「ささえあい」の仕組み』明石書店、二〇一六年、参照。

＊5 不安定就労層が解放される意義について、ガイ・スタンディング（岡野内正監訳）『プレカリアートの時代――危険な階級から希望の担い手へ』法律文化社、二〇一六年五月刊行予定、参照。

（法政大学社会学部教授／社会学）

メッセージ篇

私たちはなぜ「安保法制」に反対するのか

ハトに餌をやる女性（『フィラスティン　びらーでぃ』誌、1982年1・2月号所収のブルハーン・カルクトリーによる挿絵）

友好の貯金を大切に

片倉 邦雄

私は、二〇一五年八月、安保法案が国会で審議されている段階で、「安保法案に反対する中東研究者のアピール」発表時の記者会見に次のメッセージを寄せた。

東アジアの緊張関係の激化から発想した背景は一定の理解はするも、一九九〇年以降の米国の中東政策とその結果を検証し、また中東地域において日本が米国と一線を画した独自政策を打ち出せる保証はない現状にかんがみ、あまりにリスクが多すぎる。日本の真の国益、日本人の生命、生活、安全を守るため、また中東地域に住む人々との息の長い友好関係維持のために、本件安保法案には賛成できない。

安保法案強行採決ののち、国会質疑において政府側は、現時点では一応、中東地域に自衛隊を派遣することはない……と言っている。しかしながら、湾岸危機以降、現下の中東情勢は力の真空状態に発生したアル・カーイダ、ISなどイスラーム過激派対米国主導有志連合の「非対称戦争」の様相を呈しており、主要国間の「代理戦争」的側面も加わり、また米大統領選の今後の展開にもよろうが、孤立主義的傾向を深めている米国が日本など有志連合に対していっそうの責任分担を求める可能性も排除されない。われわれは、国民の一人として、「シベリア出兵」など過去の苦い歴史に学び、さらに中東・イスラーム研究者として同法の中東地域における将来の適用には、引き続き注意深く見守っていく必要がある。

基本的には、この地域でわが国が孜孜《しし》営営《えいえい》として培ってきた「友好の貯金」を損なわないよう、伝統的な人づくり、インフラ整備再建などソフト中心の貢献を続けていくことが緊要であろう。

◇

（元駐エジプト・イラク・UAE大使／中東国際関係論）

平和国家への信頼を裏切る安保法制

坂井 定雄

安保法制は、安倍政権が例示するホルムズ海峡封鎖の事例に限らず、現実には、日米安保条約により米国から要求され、また、日本政府が日本の安全保障を損なう恐れがあると主張するさまざまな事態で、自衛隊の海外派遣、作戦参加に道を開く、きわめて危険な戦争法制です。憲法の前文と九条の条文と精神にまったく反するものであり、「平和国家日本」への中東の人びとの信頼を裏切る法制です。安保法制の廃棄、憲法改悪を阻止するため、力を合わせましょう。

これまで自民党政権は、米国主導で開始した湾岸戦争（一九九一年）で、米国政府の要求に従い、米国の戦争経費六一一億ドルのうち、二一％の一三〇億ドルを支払いました。二〇〇三年に米国が開始したイラク戦争では、自民党政権が〝戦場ではない〟と主張し続けたムサンナ県に、二年半にわたり自衛隊約五五〇〇人を派遣しました。さらに米国主導のアフガニスタン戦争開始の二〇〇一年から、米軍がイラク撤退を完了する二〇一〇年まで、インド洋北部に補給艦、護衛艦を派遣。米軍はじめ一一か国の艦艇に大規模な給油支援活動を続けました。

このような米国主導の戦争への協力は、米国の強い要求による支援であり、給油支援は「テロ対策」のためとして特別措置法を国会で議決しなければできませんでした。憲法とそれに基づく法体制下では、歴代自民党政権も、ここまでしかできなかった、と見ることもできます。

米国の共和党ブッシュ政権は、偽情報で固めた大量破壊兵器疑惑を根拠に、イラクに対する軍事行動を国連安保理が承認しないまま始めました。米国には、それ以上に帝国主義的な、危険な政権が出現する可能性もあります。集団的自衛権を認めた日本に対し、この同盟国は、もっと大規模な戦争参加を要求してくるでしょう。

安保法制が憲法違反の戦争法制であり、日本の法制度の土台である立憲主義に反していると、国内世論の大勢とりわけ憲法学者の多数が厳しく批判しました。安倍政権はその立場をとらない研究者や元官僚を使って反論しました。ところが、安保法制の立法強行後、安倍晋三首相は「自民党の憲法改正草案がある。九条については変えていくと示している」、稲田朋美自民党政調会長は「すでに現実に合わなくなっている九条二項を、このままにしていくことこそが、立憲主義を空洞化するものだ」と公言するようになりました。〝盗人たけだけしい〟としか言いようもありません。

私は一九七三年に通信社の特派員として、レバノンに赴任、間もなく起こった第四次中東戦争を報道して以来、通信社記者として、以後は大学の教員、研究者として、中東にかかわってきました。その間、計六年余りベイルートとカイロに住み、生活しました。そのなかで、特に戦争や内戦のさなかに、戦場の兵士や民兵たち、そして街の人びとから〝平和国家日本〟、〝戦争に負けたが先進国になった日本〟、〝戦争をしない日本人〟として大事にされた経験が数多くあります。内戦下のベイルートで暮らしたとき、妻と子どもたちが毎朝、現地の学校に通う途中にあるチェック・ポイントで、笑顔になった民兵たちが「ヤバーニー（アラビア語で「日本人」のこと）はノープロブレム」と言って、すぐ通してくれたことを今でも妻は懐かしがります。

（龍谷大学名誉教授／現代中東政治）

◇

日本への信頼感を失わせる安保法制

新妻 仁一

これほどまでに杜撰な内容の法案が、これほどまでに身勝手な手法によって二〇一五年七月、衆院において、また九月には参院において採決、可決されたことに強い憤りと危機感を覚えます。

アラビア語とアラブ・イスラーム文化について学んだ知識を活かし、そして人びとへの尊敬の念を大切にして日本と中東諸国との間の相互理解の進展と国際貢献のために活動したいと自衛隊をその活動の場として選択する教え子たちがいます。この法制がめざしている自衛隊による米軍の後方支援活動は、彼らのこうした思いを打ち砕くばかりでなく、彼らを含め世界各地で同じ思いをもって活動する人びとの生命を危険にさらすものです。

日本と中東諸国との間には、これまで多くの人びとの地道な努力によって築きあげられてきた信頼関係があります。そしてその信頼関係の根底には、日本が、少なくとも中東の地においては武力を背景として支配と服従の関係を迫り、また地域の分断を図るというかつての植民地政策に参加せず、また現在では米国を含む西欧諸国、あるいは武器輸出大国が推し進める国益擁護を名目とした軍事介入政策とは一定の距離を保ってきたことがあります。中東に暮らす人びとが日本や日本人に対して抱く安心感は、その背後に武力による威嚇を感じないからにほかなりません。だからこそ彼らは何かあるたびに日本や日本人を守ろうと必死になって努力してくれるのです。

高性能な武力を有する国々が行使するさまざまな圧力によって動かされる国際関係の厳しさと冷酷さをいやと言うほど味わってきた中東の人びとは、これまで多くの場合日本のおかれた状況に理解を示し、日本と日本人に対する信頼と尊敬の念を放棄することはありませんでした。しかしこの法制は、いかなる美名で覆われようが、それが内包する矛盾を無視したまま中東においてあまりにも無慈悲な政策を遂行してきた米国との軍事的協力関係の深化をめざすというもので、中東の人びとの日本に対する安心感を喪失させるどころか最悪の場合は憎しみの感情をも生み出しかねない非常に危険なものです。

二〇〇三年の武装した自衛隊のイラク派遣以来、中東の人びとの日本に対する視線のなかには時折ある種の不快感、不信感が漂うようになりました。この変化が意味することをきちんと検証することが必要です。そのことを忘れたまま実質的に米国との同盟強化を図るために成立させられたこの法制は、速やかに廃棄されるべきものです。

（亜細亜大学／中東地域研究）

◇

名誉ある「日本ブランド」の崩壊

平井 文子

　世界中が一昔前に比べ格段と暴力化し、とりわけ中東には戦争・紛争・「テロ」が集中している。クラウゼヴィッツの名言どおり、「戦争とは他の手段をもってする政治の延長である」。現在の暴力蔓延は、グローバル、リージョナル、ローカルの全レベルでの政治的矛盾が爆発しているせいであろうが、中東での暴力蔓延には、高性能の戦闘機やミサイルからカラシニコフ銃や手榴弾にいたるあらゆるレベルの武器・弾薬が外国から大量に投入されているという物理的条件もある。おそらくオイルマネーで潤う湾岸アラブ諸国は世界の武器商人たちの最高の顧客になっているに違いないと思って、調べてみたら、世界の武器輸出国のトップは案の定米国（三一%）、二位がロシア（二七%）、以下中国（五%）、ドイツ（五%）、フランス（五%）、英国（四%）と続く。なんと、米ロだけで六割近くを、国連安保理常任理事国五か国で七二%も占めているではないか！　対する輸入国の一位はインド（一五%）、二位がサウジアラビア（五%）、次いで中国（四%）、UAE（四%）、パキスタン（三%）、オーストラリア（三%）、トルコ（三%）となっており、中東三国だけで一二%を占めている（SIPRI YEARBOOK 2015）。政軍産複合体化している米国等にとっては、中東で戦争・紛争が続くだけでなく、創出されることはむしろ歓迎すべきことで、「正義の味方」面《づら》して行なえる反テロ空爆など願ってもないチャンスに違いない。

　安倍政権は二〇一四年にこれまでの武器輸出三原則を投げ捨て、防衛装備移転三原則という目くらまし的名称の法律を通し、日本を「死の商人」の仲間入りさせる道を開いた。かつて零戦をつくった三菱重工は、地対空誘導弾パトリオット（PAC2）の部品であるセンサーの米国輸出をもって、同法適用第一号となる可能性がある。PAC2は最終的にカタルに輸出される予定である。さらに政府は、オーストラリアとの潜水艦の共同開発をはじめ官民一体で武器輸出の取り組みを加速させている。さらに他人様に武器を売るからには自分も使ってみなければならないという論理から、国連PKOのために南スーダンに派遣された自衛隊に武器を使用させる法的根拠を安保法制で整えた。武力行使をしない唯一の先進国という名誉ある日本ブランドが中東で崩れつつある。

◇

（NPO法人アジア・アフリカ研究所理事）

『孫子』の教訓

清水　学

「己を知り敵を知れば百戦危うからず」。これは中国の兵法哲学『孫子』のエッセンスと言ってよい。この言葉の意味することは非常に深い。それにもかかわらず、これを無視して国の前途を誤らせた事例は枚挙に暇がない。日中戦争から太平洋戦争の敗北にいたる日本の現代史は、その典型例である。特に己を知らなかったと言えよう。

今回の安保法制についての国会での提案説明はどれくらい説得力をもちえたであろうか。当初はホルムズ海峡への機雷敷設で日本の安全が脅かされるという、起こりうる可能性がきわめて低い事態を想定したうえでその「緊急」件が強調された。「安保法制」の成立という結論が先にあって、口実になる「危機」を探すという逆転論理ではなかったか。それだからこそ憲法と法的手続が無視されるという憲政上の根本問題まで引き起こされたのであろう。この「安易さ」に圧倒的多数の国民が将来の日本に不安を抱いたのは当然である。中東での外部の武力介入による紛争解決の試みは、最近になればなるほど失敗の歴史である。アフガニスタンに対する英国・ソ連・米国の軍事介入は介入国が勝てなかっただけではなく混乱と新たな危機を置き土産にした。ソ連にいたってはその崩壊の一因につながった。イラク戦争は「イスラーム国」を生み出す前提条件を準備した。NATO空爆などで解体されたリビアは「イスラーム国」の跳躍台の一つとなっている。このことは、中東の紛争解決において、軍事的介入の限界、予期しない逆効果につながる波及効果の危険性を示すものである。

『孫子』は「己を知らず、敵を知らざれば、一回の失敗といえども国の弱体化、最悪の場合は亡国につながる」という含意を伝えている。その場合『孫子』が当然の前提としているのは、「自分の国益を外部から影響を受けずに主体的に判断する」国である。集団的自衛権の名のもとに主体性を失うことになるとすれば、己の統制が効かない高いリスクを負うことになる。混沌とした今日の中東では多様な思惑をもった諸勢力が介入しており、武力行使に参加することが地域の平和に貢献し、中東地域の人びとに感謝されると考えるほど、日本は無思慮であってはならない。それは日本の独自性に依拠する外交上の多様な選択肢をむしろ狭めることになるからである。

日本の中東地域での独自の貢献・成果で一定の評価と信頼を得てきたのは地道な非軍事的協力であり、それは地道でありながらも安全保障に貢献してきたのである。これは現地でのペシャワール会などのボランティア活動、民間企業、青年海外協力隊、日本政府関係者、自治体を含んだ、地道な努力の積み重ねの成果である。しかしそのソフトパワーは軍事力の後ろ盾を得たとき、意味と位置づけは担当者の意図にかかわりなく、オセロゲームのようにその色を変えるのである。

◇

（ユーラシア問題研究家）

戦争は最大の環境破壊

向後 紀代美

私たち家族（夫と娘二人）は一九八〇年から二年間、クウェートで暮らしていた。そのときイラン・イラク戦争が勃発した。深夜、家の前の道を戦車の列が通ったり、超低空でジェット戦闘機が飛び交ったりした。

またイラクのバスラからたくさんの人びとが避難してきたという噂も聞こえてきた。スーパーから米が消え、大瓶のミネラルウォーターを買い占める人も現れた。しかし、不安にはなったが私たちに実害はなかった（向後紀代美「イラク・クウェート庶民の声から」板垣雄三編『中東湾岸戦争と日本』第三書館、一九九一年、二八九〜二九三頁）。

なぜ、クウェートにいたのか？　夫・元彦がマングローブの植林研究をするためである。そのための「砂漠に緑を」という会社は宮本千晴をはじめとする山や探検の仲間たちがお金を出し合って成立した。私も出資者の一人であるが、まだ小学生だった子どもたちの育児や来客への接待などで追われ、植林の試験研究そのものにたずさわることはできなかった。

現在、アラビア（ペルシア）湾沿岸にはマングローブ林はほとんどない。だが過去の時代は違っていた、と元彦は推察する。古くは紀元前四世紀、アレクサンドロス大王の海軍提督ネアルコスがマングローブと思われる木について記述している。湾岸に存在した古代文明、ディルムン文明（紀元前四千年紀末）やメソポタミア文明の存在がマングローブを消したかもしれない。

薪炭、建材、船の帆柱などに使われていただろう。

最初の試験地となったのは国境を越えてサウジアラビアにあるカフジ。「アラビア石油」の熱海伸男、秋元夫妻などの協力のもと、植栽試験がスタートする。それから一〇年、試行錯誤が続けられた。現地研究駐在員も須田清治、塚本剛正に続いて三代目の鶴田幸一のとき、湾岸戦争が勃発した。一九九一年一月のこと。

連日の新聞、テレビなどの報道に不安になった私は安否を尋ねる国際電話をした。鶴田本人はあくまで現地に残りたかった。しかしアラビア石油の方針に従い緊急避難し一時帰国することになった。

現地の様子を鶴田は次のように報告している。

一九九一年一月、湾岸戦争による大量の原油流出により、カフジの七割強のマングローブが枯れた。ＩＭＯ（国際海事機構）とＭＥＰＡ（サウジアラビア気象環境保護庁）の合同チームがマングローブ植栽地の洗浄作業にあたってくれた。油に汚染された防風フェンスを全面的に撤去し、オイルまみれの土壌を掻き出し、海水をスプリンクラーで散水し、沖の吸着ブームで油をトラップした。樹高の五〇％以上油を被ったヒルギダマシは半年以内に大半が枯れた。三年以下の若年個体も同様。ヤエヤマヒルギは被油の程度にかかわらず全滅した。

鶴田は戦争以前にもさまざまな困難を乗り越えていた。たとえば、カイガラムシの害、冬の風、予想もしなかった氷点下の気温などを経験した。そして植栽地を拡大したばかりのときに起こった戦争。

原因はイラク軍の爆撃ではなく、米軍の誤爆だという。いずれにしろ被害をなまなましく伝えている鶴田の記録。被害は戦争直後のみでなく、半年もの長きにわたって及ぶことを伝えてくれた。

私は、マングローブ活動から「戦争」は最大の「環境破壊」であることを教えられた。

（地理学）

◇

中東研究者のいらだち

加藤　博

以下のいらだちは、ほとんどすべての日本の中東研究者が抱くいらだちではないかと思う。それは集団的自衛権行使容認をめぐる議論に始まり、安保法制の採決で頂点に達した。そのいらだちとは、「なぜ日本の安保法制の議論にこれほどまでに中東やイスラーム世界が取り上げられるのか」との思いである。世界のグローバル化とそれにともなう世界の政治環境の変化から、日本の安全保障体制の見直しが必要であるとの主張は認めよう。しかし、それならば、日本にとって身近な、現在直面している東アジアの緊張した政治情勢が議論の中心に据えられるべきであろう。

ところが、現実には、議論のなかで主として取り上げられたのは、歴史的にも現在的にも日本から「遠い」中東紛争や対テロ戦争であった。なぜなのか。おそらく、その理由は次の二つである。一つは、日本が中東に東アジア諸国に対してのような歴史的負の遺産をもたず、その一方で、中東諸国のほとんどが親日的だということである。もう一つは、中東諸国が経済的に見て弱小国家の集まりであり、国民総生産（ＧＤＰ）などの数値から見て、世界経済に占める割合と日本経済に対する影響は微々たるものだということである。要するに、中東やイスラーム世界は日本にとって「気楽に」話せる対象なのである。

もちろん、石油はある。しかし、石油だけである。これまでの日本の中東外交は欧米とは一線を画し、この点を中東諸国に高く評価されてきた。しかし、安保法制についての議論に見る限り、日本のこれまでの独自外交も、所詮は、石油危機後の石油欲しさのためであり、石油の確保を超えた中東やイスラーム世界の世界政治における地政学的重要性の配慮ではなかったのだとの思いを強くする。

そのためであろう、中東やイスラーム世界を震源とされるテロの脅威が叫ばれても、それが日本の安保問題とつながらない。つまり、そこに「作為」を感じてしまうのである。そして、明らかなのは、この政治過程のなかで、これまで積み上げられてきた日本・中東関係における資産が食いつぶされてきているということである。その姿は、自分の足を食べるタコである。外からの理由によって失った足は生え変わる。しかし、自分で食べた足は生え変わらないのだという。

（一橋大学名誉教授）

◇

中東研究と日本

設樂 國廣

日本の中東情報はヨーロッパの影響を強く受けてきたままである。近年多くの日本の中東研究者の現地調査に基づく研究成果が発表されているが、いまだにその成果が一般に浸透していない。筆者の研究分野であるオスマン朝史から見ると、ヨーロッパの偏見に満ちた表現である「オスマントルコ」との呼称がいまだに使用されている。英和辞書の Turk の訳に「残忍な者」という語が見られることから理解できるであろう。ヨーロッパのキリスト教社会は、かつてイベリア半島やバルカン半島に進出したイスラーム教徒の高い文化と公正な統治を認めながらも、その地域を領土的に回復するために、イスラームを敵対視してきたのである。また日本では中東はイスラーム世界であるからイスラーム教徒で占められていると考えるものが多い。現実の中東にはヨーロッパにあるカソリックやプロテスタントでない多様なキリスト教諸宗派も存在することも、イラク、エジプトや古くはオスマン帝国などにおいてキリスト教徒が政府高官になっていたことも理解されていない。

このようなヨーロッパ起源の中東情報をもとにした日本の一般的な考え方をもって、ヨーロッパ人のキリスト教徒がもつ中東などのイスラームと敵対する考えに同調することは間違いであって、欧米の中東政策に追従することはあってはならない。また中東の混乱の原因は宗教対立であるとする考えは誤りであるとするイスラーム研究者もいるように、争いの本質は政治勢力や地域勢力の利害を背景とする対立であって、宗教・宗派間の対立ではない。

われわれは、このような外国の判断基準をそのまま受け入れることなく、情報を精査し判断を下すべきである。

今回の「安保法制」は、基本的にアメリカ合衆国の世界支配政策を支援するためのものである。中東の場合、アメリカ合衆国と軍事協力協定を結んだ国を軍事的に支援するものであり、日本を敵対国として考えていない諸国との状況を一変させることになる。日本国憲法の前文に「諸国民との協和による成果と、わが国全土にわたって自由のもたらす恵沢を確保し、政府の行為によって再び戦争の惨禍が起ることのないようにすることを決意し、……」とあるように、日本政府は、今まで築いた国際社会での友好的関係をさらに発展させる義務がある。われわれは憲法の精神に従い、政府の推し進めようとする「安保法制」や武器輸出禁止三原則破棄などの戦争政策に断固反対する。

◇

（オスマン朝史）

民衆憲法の創造

三浦　徹

一〇万人が安保法案に反対し国会周辺に集結した二〇一五年八月三〇日。街頭宣伝車にのった講演者が、「立憲主義というのは、古い中世の体制を打破するときのスローガンだが、今そこに戻って戦線を構築している」と述べた。この演説に見られるように、日本では、憲法に基づいて国や社会を運営するということは、とっくの昔（明治初期）に達成されたはずのことと考えられている。それは、上からの欽定憲法でも、たんなる西洋思想の模倣でもなく、草の根の民衆運動に支えられたものだった。

昭和四三（一九六八）年、歴史家色川大吉氏らによって、東京都多摩の山村の農家深沢家の土蔵から見つかった憲法草案（五日市草案）は、明治一三（一八八〇）年頃、同地の「若者」の学習会のなかから生まれたものだった。そこには、深沢権八をはじめ二〇代を中心とし老荘を含む三〇名の同志が集い、草案は、二八歳の小学校教師千葉卓三郎が起草した。全二〇四条からなり、立憲君主制、議院内閣制、三権分立を骨子とし、うち八七条の条文が他の憲法草案にもない国民の権利に関した独自な規定であった。千葉は、西洋の『法律格言』（明治一一年刊）にある「国王ハ死セス」を「国王ハ死ス、国民ハ決シテシセス」と読み替え、あるいは「モシ人民ノ権利ト人君ノ権利ト集（競）合スルトキハ人民ノ権利ヲ勝レリトス」と言い切っている。あるいは「王道論」では、書経の「民の欲する所、天必らず之に従ふ」をもって、民権思想の原理だとするように、伝統思想を革新的に転倒させる思考方法をとっていた。五日市の学習会は、武相（神奈川県）の結社ともネットワークをもち、日本各地で四〇を超える憲法草案が起草されていた。

日本で民権の議論が沸騰していた頃、中東では、オスマン帝国でミドハト憲法が制定され（一八七六年）、エジプトでは立憲運動をもとにオラービーが主導する政権が誕生した（一八八一年）。その背景には、天賦の法（シャリーア）の読み替えがあった。一八二六年にフランスに留学したエジプトの思想家タフターウィーは、「フランスの政治システムは法の拘束体系であり……王が統治権をもつのは、法、貴族院、代議院に従って行動するという条件においてだ。……この本（法典）を、全能の神の本（コーラン）や預言者のスンナ（範例、ハディース）に類するものと見なしても良いのではないか。……それは、正義と衡平が諸王国の文明、臣民の福祉の根拠であること、そして支配者とその臣下がそれに導かれてこそ、彼らの国は栄え、彼らの知識は増え、彼らの富は蓄えられ、彼らの心は満たされてきたということである」（『世界史史料集』第8巻、岩波書店より）と述べている。支配者が「法」に従うことが、国民の利益であるということは、人類の諸地域に見られる共通の思想なのである。

（中東・イスラーム史）

◇

教育の視点から見る「安保法制」

小林 春夫

このたびの「安保法制」成立によって、武器を携えた日本人が中東地域に出かけ、米軍を中心とする外国軍とともに戦い、現地の人びとの生命を奪う可能性が現実味を帯びてきたことに強い危惧の念を覚える。

私の専門はイスラーム思想史で、エジプト、トルコ、イランなどの中東諸国をベースに研究を続けている。また二〇年以上にわたり、複数の大学でイスラームについての講義を担当している。とりわけ最近は、ISやパリ同時多発テロなどをきっかけとして、学生たちの中東・イスラーム社会への関心が高まっているのを実感する。そうした学生たちは、当初イスラームについて「危険」「えたいが知れない」「後進的」といったネガティヴなイメージを抱きがちだが、かといってイスラームを悪とし自分たちを善とする二元論的な考えを抱いているわけではない。むしろ、イスラームや中東についてきちんと知りたい、知ったうえで自分なりに判断したいという、素朴だがきわめてまっとうな姿勢で臨む学生が多い。そして授業の最後には、何らかの意味で「当初のイメージが変わった」と答える場合が多い。

私の本務先は教員養成系の国立大学である。現在は「国際理解教育」や「多文化共生教育」を看板に掲げる専攻に所属しており、そのような観点から現職の教員と研究交流も行なっている。多文化社会が現実のものとなっているこんにち、このような理念に基づく教育人材の養成は必須であり、学校現場も異なる価値観をもつ者により開かれた空間となることが求められているといっていいだろう。

以上のような私の立ち位置から見るとき、中東地域については、特定の国との軍事関係を優先し強化するのではなく、この地域の文化的・歴史的理解を深め、地域の人びととの信頼関係に基づいた交流と支援によって社会の安定と発展に力を尽くすことこそが、これからの日本がとるべき道である。また中東の人びとが日本に期待することも、ここにあると考える。

（イスラーム思想史）

◇

タテマエとホンネ

嶺崎 寛子

「言いたいことはわかりました。……それで、あなたはその建前を本気で信じているの？」

その学生は悪戯っぽい微笑をひらめかせて、私をまっすぐ見据えて訊いた。二〇〇四年の暮れ、NHKの某番組のコーディネーター兼通訳として、エジプトのアズハル大学（スンナ派イスラームの伝統あるウラマー養成機関）を訪れたときのこと。アズハルでイスラーム法を学ぶ学生は取材協力にあたって、「NHKはどんな放送機関ですか」と私に質問した。私が「公共放送です」と答えると学生たちは「公共放送では、公正な放映ができないのではないか。政府寄りの放送になってしまうのではないか」と懸念を表明した。NHKのプロデューサーが「NHKは政府の放送機関ではなく、公共放送で、受信料で運営されています。御心配には及びません」と説明をし、私はそれを翻訳した。冒頭はその返事だ。言いたいことはわかりました、はプロデューサーに、続きは私に向けた言葉だった。

安保法案が通って、中東への派兵が現実味を帯びた今になって、彼の言葉をよく思い出す。私は当時「……すみません、信じてません」と返し、彼と自嘲気味に笑いあった。当時の「信じていない」はしかし、権力一般に対する漠然とした不信にすぎなかった。今、彼の問いは私にとって、もっとずっと切実だ。

はっきり、安倍政権を私は危惧する。その権力の言葉が、建前に満ちていることの危うさを。首相の国会答弁の、自己陶酔とロマンティシズムに満ちた言葉——たとえば「守る」——の空虚さを。そして、日本国内で通じる建前が、海外で同じように通用すると思う甘さを。エジプトの新聞では自衛隊は「日本軍」と訳される。端的に言って「自衛のための軍隊が海外に派兵される」という矛盾を、日本の歴史に疎い中東の人びとに理解しろというほうが無理だ。

二〇〇四年当時、エジプトは政府がいつでも国民を逮捕できる非常事態宣言が一九八一年以来ずっと継続されているなど、政府の権力がむき出しで、その恣意性があからさまだった。そこで生きる彼が見ていたものは何だったのだろうか。もしかしたらそれは、今私が見ているものと、〇四年当時よりもずっと、似ているのかもしれない。

（愛知教育大学准教授／文化人類学、ジェンダー論）

◇

日常的「安全保障」の終わり？

鳥山 純子

多くの人びとにとって、馴染みのない異国で、初対面の人たちに囲まれるとき以上に、自分の国籍を強く感じる機会はないだろう。かつて中東で暮らし、また現在も中東での現地調査にたずさわる私にとって、日本国籍は長年、非常にありがたいものだった。なぜなら、日本人というだけで、私のことを知らない人にも、私が誠実で、真面目で、無害な人間だと認識されたからである。この効能は、たとえば二〇〇〇年代初頭のカイロにおいて、アメリカ人の友人といたときに顕著だった。

同じように異国に暮らしていたにもかかわらず、あるアメリカ人女性は、セクハラや外国人に対するイタズラだけでなく、国際政治が語られることにもつねに身構えていなければならないと語っていた。9・11の起こる前のことである。当時のアメリカの外交政策に反発を覚え、カイロの大学院に進学したにもかかわらず、彼女が言うには、彼女はつねに自国の政策を代表する人間として、拒絶されることがあった。もちろん、彼女を知る人間は、彼女の考え方を知っていた。しかし、知らない土地で自分をよく知らない人びとから向けられる敵意は、甚大な問題だった。

海外で暮らす、もしくは仕事をする人びとにとって、異国で見知らぬ他人に憎悪の対象とされることは、安全保障上の危機である。それは、日々の生活のすべての局面にかかわる直接的な脅威である。軍事テロの標的にされずとも、確実に生活のクオリティは低下する。こうした安全保障機能に関して言えば、私はこれまで中東において日本国籍の多大なる恩恵に与ってきた。そのどれだけが「日本が戦争を放棄する国である」ことに由来するかはわからない。ただ、安保法制の可決後、「日本に何が起こっているのか」とSNSで私に尋ねてくる中東の友人たちの素早い反応を見る限り、それが小さくなかったことは確かなようである。

◇

（日本学術振興会特別研究員／ジェンダー人類学）

われわれに問われていること

井上あえか

パキスタンの人は一般に、日本に好意的である。民主主義を確立した平和主義の国で、経済力があり、パキスタンに多額のODAを供与してきたが、欧米と違ってそれと引き換えに政治的な圧力をかけてくることはなく、NGOや国際機関を通じて多くの個人がパキスタンや、隣のアフガニスタンにもかかわりをもっている……というふうに。それは戦後七〇年かけて日本が積み重ねてきた外交的成果だろう。

二〇一〇年五月、当時のアフガニスタン大統領カルザイが訪日し、アフガニスタン北部の鉱山の採掘権獲得を打診した。結果的に日本政府はこれに応じないまま、のちに中国が採掘権を獲得したが、欧米や中国ではなく日本を優先するという提案だったことは、われわれにとって印象的なことだった。

一九九九年一〇月に、パキスタンでクーデタが起こった直後、首都イスラマーバードで、ある研究機関を訪ねたおり、たまたま居合わせた新聞社の老コラムニストに、あなたは日本人なのだから、アメリカ人みたいな仕事の仕方はやめなさい、と諭された。たった数週間滞在して、レポートを書くような仕事ではいけない、という意味だった。

欧米と違う、特にアメリカと違うということは、こんにちのパキスタン、アフガニスタンにおいてとても大きな意味がある。対テロ戦争が始まって以降、世界を敵味方に二分しようとするアメリカの考え方に、パキスタンの内政は翻弄されてきた。テロともアメリカともかかわりたくない多くのパキスタン人の意に反して行なわれた、無人爆撃機による「テロリスト掃討作戦」は、多数の市民の犠牲と国内世論の分断をもたらし、パキスタン・タリバン（ターリバーン）という新たな脅威を生み出した。

大多数の憲法学者が憲法違反だと断言する「安保法制」を強硬に成立させたことは、日本をアメリカと同一視させる効果をもつ。冷戦後四半世紀が過ぎ、インドや中国の台頭、中東、アジアの国際関係の再編を見れば、世界は一極化ではなくむしろ多極化に向かっている。にもかかわらず、憲法解釈を曲げてまでアメリカへの依存を強めようとするのは、立憲主義の破壊であり、また時代錯誤である。平和を希求する国民として、今われわれの反戦への意志と民主主義が問われている。

（パキスタン現代史）

◇

安保法制に反対する個人的で感情的な理由
あるいは「国益」と「価値観」の不可解

森山 央朗

筆者は、二〇〇一年四月から二〇〇三年三月まで、在外研究のためシリアのダマスクスに滞在していた。したがって、二〇〇一年の9・11事件を契機として、アフガニスタン戦争、イラク戦争へと展開するアメリカとその同盟国の軍事行動に関するニュースを、シリア人の研究者や学生、書店主といった人びとともに見聞きしていた。彼らのなかには、タリバン（ターリバーン）やフセイン政権を批判し、自国のアサド政権の強権支配に反対して自由や人権を求める者も多かった。そうした人びとも、「自由のための戦い」というアメリカのお題目を信じていなかった。むしろ、軍事力によってタリバンやフセイン政権を倒すことは、その過程で多くの人びとが死傷し、その後の混乱が大きな惨禍をもたらすことを正確に予見していた。何より彼らは、アメリカと同盟国の軍事行動が「中東の民主化」などのためではなく、それぞれの「国益」のためであることを理解していた。

これは、当然の理解である。国権の発動たる戦争は、「国益」のために行なわれるものだからである。安保法制を支持する人びとも「国益」を語る。アメリカの世界的な軍事行動により深く関与することで、中国の脅威を抑え、日本の「国益」を確保すると。また、アメリカとは、自由や人権といった「価値観」を共有しているとも言う。しかし、それらの「価値観」がまったくの欺瞞でないのなら、つながりの深い隣国に対する脅威感を煽り、遠くの人びとの生存権を脅かす行為に加担してまで確保すべき「国益」とは、いったい、誰のための何の利益なのだろうか。

二〇〇一年秋の夜のダマスクスで、自由や人権を掲げるアメリカが、アフガニスタンを空爆し、9・11事件とは無関係の普通の人びとを殺傷しているニュースを聞いたとき、その場にいたシリア人の友人は、先進諸国にとってその領域の外に暮らす人びとは人権に値する人間ではないのだと言った。そのとき、筆者は何の反応もできなかった。現在、内戦状態にあるシリアに対して、欧米諸国はそれぞれの「国益」に基づいて空爆を行なっている。筆者は、空爆のニュースをまた見聞きするのみで、一〇年以上前の友人の言葉に応える術を今ももたない。とはいえ、わずか数名とはいえ、爆弾が落ちる先にいるかもしれない人びとの顔と名前を知ってしまった以上、「国益」とやらのために、彼らの命を奪うかもしれない行為により深く加担するような政策には反対せざるをえない。

（同志社大学神学部准教授／西アジア・ムスリム社会史）

◇

「守り人が実は泥棒」

鈴木 啓之

アラブのことわざに、「守り人が実は泥棒」というものがあると知った。何かを守るように見せかけて、実は盗むような悪事を指すのだという。

最近、「守る」や「保護する」という言葉が、何かを失わせているようだ。特定秘密保護法などがその典型だろう。このとき、私たちが失ったのは、情報へのアクセスと権力への監視の力である。ほぼ同時に設立された国家安全保障会議との連携が、この法律にさらなる気味の悪さを与えている。実際にどのように使われるのかよくわからない、それでも何かを守るために、とにもかくにも必要だという具合で、足早に法律が制定されていく。あれほど読み間違いがないようにと念入りに書かれた憲法条文ですら、解釈変更という論理で変えてしまう権力だ。「平和安全法制」という、一見するとおとなしそうな顔をした法律がどのように機能するのか、私たちはまだ知らない。

集団的自衛権をめぐっては、五〇年以上前から白熱した議論が繰り返されてきた。その結果、「国際法上は保有するが、憲法上は行使できない」との着地点が政府から示された（この経緯については、防衛大学校安全保障学研究会編『安全保障学入門』新訂第四版にも簡潔にまとめられており、浦田一郎などが執筆した『ハンドブック　集団的自衛権』でも指摘されている）。インターネットを開けば、防衛省のホームページから過去の防衛白書を見ることができる。そこにも、憲法上はその行使が「許されないと考えている」と明記されていた。何十年もの議論を経たこの見解が、たった数か月で覆された。とにもかくにも、この法律は必要ということらしい。

集団的自衛権の行使が、実際には小国（現在の日本はとても小国とは呼べないが）が受ける脅威を取り除く役割よりも、大国や覇権国家による他国への攻撃の口実になってきた点を思い起こしたい。ベトナム戦争でのアメリカの武力行使やＮＡＴＯのアフガニスタン攻撃を正当化した論理こそ、集団的自衛権だったのだ。「平和安全法制」が、自他のものにかかわらず平和や安全を失わせるのでは、まさに本末転倒だろう。

◇

（中東地域研究）

日本の鏡としてのトルコ

秋葉　淳

二〇一六年二月に入って高市早苗総務相は、放送法第四条違反を理由に電波停止がありうると再三発言し、その具体例として、「テロへの参加を呼びかける番組を流し続けた場合」と述べた（二月一二日）。これを極端なケースを示したものと理解した向きも多かったようだが、これは決して非現実的な仮想の話ではない。トルコ政府は三月四日、政権に批判的な『ザマン』紙を、「テロ組織を支援した疑い」を理由に政府の管理下におき、編集長を解任して政権を翼賛する新聞に変えてしまった。同紙と同系列のテレビ局もかねてより締めつけの対象であり、高市発言がみごとに実行に移されている。そう言えば、デモ活動をテロと変わらない、とブログに書いた自民党政治家もいた（二〇一三年一二月）。『ザマン』紙事件に先立って、トルコでは一月一〇日、クルド系武装組織との対立が激化するなかで、政府に平和的解決を要求する声明を発表した学者たちが、「テロを支援した」と大統領によって非難され、その一部が逮捕されたり、大学を追われたりした（ここでは、「［政府を批判しているのに］テロを批判していない」＝「テロ支援」という論法が使われた）。さらに三月一三日、アンカラで三七名が死亡した爆弾テロが発生すると、エルドアン大統領はテロリズムの定義を変更してその行動を支援する行為も含むべきだと発言し、その意味でのテロリストはジャーナリズムや政治家でもありうるとした（三月一四日、BBCのウェブサイト）。日本とトルコを同列に並べることはできない、と思う人がほとんどかもしれないが、今の日本では、以前であれば日本でこんなことは起きないだろうと思っていたことが、次々と現実化している。トルコは、日本のちょっと先を行っているだけにすぎないのかもしれないのである。日本では、おそらくもっとソフトなやり方でも、メディアが自主規制し、「空気」が醸成されかねないことを危惧する。

◇

イスラエルの歴史が示すもの

鶴見 太郎

（千葉大学／オスマン帝国史）

今回の安保法制は、中国を仮想敵として、軍事力を基軸とした日米同盟の強化により抑止力を高めることに主眼があるとされている。しかし、ヨーロッパから中東にいたる歴史を見たとき、その想定が長期的にはきわめてナイーヴなものであることに思いいたる。

私はロシア東欧地域のユダヤ人の一部が、最終的には軍事的に押し切ったかたちで建国したイスラエルの歴史を研究している。イスラエルの安全保障は、国内の情勢を含め、今日まで悪化の一途をたどっている。その間アメリカとの同盟を強化し、軍事力を増強してきたにもかかわらずである。イスラエルの圧倒的な軍事力は抑止力として機能せず、むしろ、外交レベルでは必ずしも表れないミクロなレベルでの疑心暗鬼や不信感を増幅してきた。

このことが示しているのは、軍事ゲームのなかで相互不信が極限に達した状態では、圧倒的な軍事力の差が人びとの生活を安全にすることはない、ということである。こうした事態は、状況は違うが、アメリカとの相互不信が極限に達したとき、圧倒的な軍事力の差にもかかわらずアメリカに先制攻撃した日本という国の歴史を知る者には、実はよく理解できるはずである。当時、アメリカの圧倒的な軍事力は日本に対して抑止力として機能していなかったのである。

そもそも軍事というゲームは、敵と味方を明確化することを基礎としており、それは相互不信を増幅する方向にしか働かない。ユダヤ人はかつて暴力を嫌う民族として知られていたが、その一部が武装化してイスラエルをつくった背景にも、二〇世紀前半のロシア東欧において、「敵・味方」の論理が席巻した時期にユダヤ人に牙をむけた暴力が大きく影響している。その暴力の多くは、まさに軍事同盟に基づいた国際秩序が破綻した先で生じた二つの世界大戦に起因していた。

このように長期的な危険性をはらむ軍事というゲームについてもう一つ重要な点も、イスラエルの事例は示唆している。いったんその軍事ゲームにはまってしまうと抜け出すことが著しく困難だということである。軍事ゲームの進化は、他の対話の回路の退化と一体である。かつては日常的に存在していたユダヤ人とパレスチナ人の交流は、今では想像することさえ困難になっている。

イスラエルと比べると地政学的にはるかに恵まれた環境にある日本が、長い歴史のなかで日本からは攻め込んだことはあっても一度も攻め込んできたことのない中国をことさら敵視し、わざわざそうした危険なゲームに踏み込むのはなぜか。価値を共有する国々との国際連帯を強めるという建前の一方で、因縁をつけてアフガニスタンやイラクに攻め込んだ国々とは「価値」（利益ではなく）が共有でき、中国とは価値が共有できないと決めつける根拠は何か。安物のリアリズムに基づく軍事戦略に酔いしれる前に、考え直すべきことはあまりにも多い。

◇

（東京大学准教授／歴史社会学）

日本・中東をつなぐアメリカ主導の「民主化」

金城 美幸

間違いなく、安倍政権下で成立した安保法制は、日本と中東の関係を大きな危険にさらすものである。この法により、戦後日本の「平和主義」が崩壊し、日本独特の外交関係・研究手法が損なわれる可能性は非常に高い。しかし、私がこの法に反対する理由はそれだけではない。

そもそも日本の「平和主義」とは何か。確かに日本国憲法第九条では戦争放棄・戦力不保持・交戦権の否認が謳われる。だが、日本国憲法の策定にGHQの関与が少なからずあった以上、第九条についても、米国が自身の戦後構想のもとで日本の主権を「非軍事化」というかたちで限定しようとした意図を読み込まざるをえない。その意味で、日本の「戦後民主主義」は冷戦下での米国への従属関係から出発した。

そして、「対テロ戦争」で体制が転覆させられた諸国の「民主化」プロセスも、実は戦後の日米関係と同じ構造にある。安易な類推かもしれないが、イラク占領の際、米国では日本占領がモデルとして引き合いに出されたことを思い起こせば、この点は一考に値しよう。

一九四五年夏、日本は太平洋戦争で「敗戦」し、GHQ占領下で非軍事化・民主化政策が始まった。サンフランシスコ講和会議を経た「独立」後も占領下で制定された日本国憲法は維持された。他方、中東・中央アジアでは、9・11事件後に米国が進めた「対テロ戦争」により、アフガニスタンとイラクで政権が崩壊した。米軍主導の占領下で両国は抑圧体制から「解放」され、「民主化」の道を歩むべく憲法が制定された。

実は、これ以前にもすでに、同じ構造下での政体づくりのもくろみがあった。イスラエルとパレスチナ解放機構（PLO）との間で結ばれたオスロ合意（一九九三年）である。ここでイスラエルと仲介者米国が共通了解としていたのは、実質的な主権が否定され非軍事化されたパレスチナ自治政府の設立だった。

当然、米国主導の「民主化」プロセスは、その美辞麗句とは裏腹に、多くの犠牲をともなった。中東につきまとう「宗教対立」「民族対立」も、米国主導で持ち込まれた体制のひずみにほかならない。日本でも、米軍基地の押しつけられた沖縄が最たる例であり、また「敗戦」後に確定された境界の狭間に落ちこんだ人びとが「在日朝鮮・韓国人」と呼ばれ、非‐国民としての生を余儀なくされてきた。

中東での「民主化」プロセスと日本の「戦後民主主義」の問題が重なって見えるのは、私自身の祖父母が大戦を原因として朝鮮半島や中国大陸・台湾からやってきた在日外国人だったという個人的ルーツによるところが大きい。非‐国民の目から見れば、日本の「戦後民主主義」は、戦争の悲惨さのある局面を強調して「平和主義」を掲げるが、実は戦後も続く多くの構造的暴力にふたをしている。

中東では足かけ三年ほど暮らしたが、私にとって日本国のパスポートは、「平和国家」の神話的ブランド・イメージをまとった「お守り」だった。そして今、安全保障関連法の成立によって、この「お守り」がなくなるかもしれない。だが、必要なことはこの「お守り」にすがり続けることではない。そうではなく、大日本帝国の負の遺産を払拭できないまま米国への従属体制へと移っていった歴史を直視し、かつ、さまざまな理由から日本に行き着いた多様な人びととともに、「戦後民主主義」を脱して、本当の意味での「平和主義」を新たに獲得し直すことが必要である。つまり、憲法九条を「守る」だけでは不十分である。非暴力に裏打ちされた本当の「平和主義」の原理を、私たちの手で獲得し直すプロセスが必要なのだ。このプロセスなくして、中東や他地域での紛争解決を構想するラディカルな土台（その実現可能性は別として）は生まれてこない。

◇

（パレスチナ・イスラエル史学）

オルタナティヴな積極的平和主義をめざして

鷹木 恵子

「積極的平和主義」は、戦後日本の安全保障政策の大転換となる安保法制の思想的基盤として、安倍政権が主張しているものである。世界や日本周辺の安全保障環境が変化するなかで、日米同盟を基軸として日本が地域や世界の平和や安定、繁栄の実現に積極的に寄与する必要があるとする。他方、平和学の世界的権威ヨハン・ガルトゥングが、一九六九年に提唱した「積極的平和」とは、戦争のない状態を指す「消極的平和」に対して、貧困や抑圧、差別などの構造的な暴力もない状態を言うもので、安倍政権の主義とは大きく異なっている。ガルトゥング自身、二〇一五年八月に来日した折の講演では、安倍政権の積極的平和主義とは軍事力に基づくもので、自らの平和主義とはまったく異なると批判し、日本は憲法九条一項をむしろ世界へと普及させていくことこそが平和貢献につながると提案した。

中東研究者として、筆者も安保法制についてとりわけ憂慮するのは、この法制によって日本が米国と軍事面で協力・連携する事態が起こりうるという点である。中東諸国には、歴史的経緯からも反米感情をもつ人びとが多い。一方、今のところ、親日派は少なくない。日本人の勤勉さや日本の技術力を賞賛し、また「ヒロシマ」「ナガサキ」という地名とともに日本が被爆国でもあることから、中東アラブ諸国と同様、米国の攻撃のその痛みを理解していると感じていることにもよる。安保法制は、そのような中東の親日派の人びとを反日派へと転化させかねず、日本を平和ではなく、危険な方向へと導き、世界平和に貢献するどころか、混乱や紛争を増幅させかねないものである。

もし、もう一つの積極的平和主義に向けて、中東研究者としてできることがあるとするならば、「イスラーム国」やテロ事件の報道などで、残酷で危険といった否定的イメージが広く先行してしまっている「イスラーム」について、「平和のイスラーム」を提唱し平和推進活動をしているムスリムたちがたくさんいることをていねいに具体的に伝え、そうした集団と協働することもありえるのではないかと考えている。ここ一〇年ほど、筆者はアルジェリアに本部をもつエキュメニカル（もともとはキリスト教の超教派の結束をめざす世界教会主義を言うが、現在では諸宗教間の対話協力推進運動をも指して使う用語）なスーフィー教団アラーウィー教団のボランティアとして、「希望の種まき運動」「平和のキャラバン」などの活動に参加し、パンフレット翻訳なども行なってきた。この教団は、マグリブやアフリカ諸国に加え、西欧諸国でも「宗教間対話」や「ムスリム・スカウト」の活動など、数々の平和的イスラーム普及活動を行なっている。そして現在は、国連に平和推進のために「世界人類共生の日」の特設を働きかけている。イスラーム教徒自身の平和思想や平和推進運動を伝えることや、平和憲法をもつ国の市民として、同時に中東研究者として、それらの人びとと連携・協働していくこと、それももう一つの「積極的平和主義」としてありうる選択肢ではと考えている。「世界人類共生の日」については、http://www.jmve.

ch/ja-home.htmlでその署名を集めている。ご賛同いただける方には是非、それへのアクセスと署名をお願いしたい。

(桜美林大学／文化人類学、マグリブ地域研究)

◇

日本を「戦争のできる国」へさせないために

宇野 昌樹

私は、日本政府がこの間着々と日本を「戦争のできる国」、換言すれば自衛隊を海外へ派兵できる国へと作り変えてきたと考えている。中東絡みで言えば、湾岸危機・湾岸戦争以降、米国の対中東政策に追随してイスラエルとの関係を強化する方向へ舵を切り、一九九一年のペルシア湾への自衛隊派遣を皮切りに、一九九六年にシリア被占領地ゴラン高原へＰＫＯ(国連平和維持活動)として派遣、二〇〇四年にはイラクへ派遣するなど「実績」を積み上げてきた。この自衛隊派遣は名目的には国際貢献や中東和平プロセスへの関与にあったが、その真の狙いの一つは日米同盟の強化、もう一つは国連安保理常任理事国入りへの布石としてあったと私は考えている。特に後者の安保理常任理事国入りは日本外務省の最重要課題としてあり、それを実現するためには自衛隊の海外派遣(派兵)が絶対条件で、自衛隊の海外派兵を合法化させるためには憲法九条の改正が必要となってくる。そして、「特定秘密保護法」や「安保法制」は、「憲法改正」と安保理常任理事国入りへの地ならしとして位置づけられていると見て間違いないだろう。

日本が「戦争のできる国」へと突き進むなか、中東世界では地域紛争が絶えず、特に二〇一〇年一二月チュニジアで発生した民衆蜂起以降はイラク、シリア、リビア、イエメンなどでは内戦化し、収拾のつかない状況になっている。加えて、これらの地域でイスラーム主義勢力が民衆の支持を背景に確実に影響力を増していることを忘れてはなるまい。このうちシリア内戦では、米国や有志連合、ロシア、イランが軍事介入し、サウジアラビアとトルコなどは陸上軍の投入も検討していると言われる。中東世界の混乱が長期化し、また拡散していけば、米国が同盟国日本に軍事面での協力を要請することも可能性として否定できない。仮に、日本がこれらの地域に軍事力を行使した場合、つまり「戦争のできる国」から「戦争をする国」になった場合、日本もイスラーム主義勢力のターゲットになることだろう。このような流れを断つには、まずは「安保法制」の廃止へ向けて行動する以外ない。

（広島市立大学国際学部教授／文化人類学、中東地域研究）

◇

今こそ「平和的小国」が果たす役割

酒井 啓子

国際政治学の名著に、百瀬宏氏の『小国』（岩波人文書セレクション）がある。

大国中心で紡がれてきた近現代の国際政治に対して、小国には小国なりの役割があり、それこそが国際協調の核となりうる、という議論を展開したものだ。「小国は大国の手先にすぎない」という見方に対して、小国こそが権力政治を抑制し脱却するための国際機構構想を後押ししてきた、とする。そして、日本はと言えば、「自由民権運動（には）……『小国』の存在理由を積極的に肯定し、日本の将来像をそこに定めようとする論陣」が見られたものの、基本的には「『小国』であるという自意識に立ちながら、『凝集力』を発揮して『大国』としての地位を築く、という行動パターンを繰り返して」きた、と著者は指摘する。

百瀬氏の「小国」論は、大国主導の政治から距離をおく、あるいはそれに巻き込まれることに抵抗する、アジア、アフリカの多くの途上国に共通する議論だ。植民地時代には西欧列強の、冷戦期には米ソの、冷戦終結後はアメリカの権力政治に振り回されてきた中東では、特に「小国」待望論が強い。自分たちを軍事的に支配し服従させるような「大国」ではない、公正なる国際社会の軸になる非「大国」の存在を切望してきた。そして、その思いは、日本に向けられてきた。大国であるアメリカから原爆の攻撃を受け、敗戦の屈辱を受けた日本の経験に、多くのアラブ諸国は同情と共感を示してきた。非「大国」の日本こそが、アラブ諸国の連帯と協調の相手だと考えてきたのである。

「イスラーム国」の出現、イランとサウジアラビアの地域覇権抗争の激化、イスラエルのパレスチナ占領という「不公正」など、今の中東には剝き出しの権力政治、暴力政治が蔓延している。中東、そして今や国際政治全体に広がる権力政治に歯止めをかけることは、グローバルな紛争解決のために喫緊の課題だ。大国が林立して覇権抗争に血道を上げている今こそ、その歯止めとなる「平和的小国」が必要である。

だが「平和的小国」たりうる日本は、どうか。一緒になって権力政治に邁進するのか。安保法制は、日本という一国の問題ではなく、国際政治が国家利害を剝き出しに権力抗争に突き進んでリバイアサン的世界に陥ることを防ぐ、一筋の貴重な可能性を失わせることになるのではないだろうかと、危惧する。

しかし、日本が「平和的小国」として国際平和にどう貢献できるか、その役割を積極的に打ち出す努力を、どこまで十分に行なってきただろうか。そのことに努力を傾注することは、今からでも遅くない。

◇

（中東現代政治）

資料篇

A 「安保法案」に反対する中東研究者のアピール

◆二〇一五年夏に発表されたアピール。呼びかけ人・賛同者を合わせ、八月一〇日段階で一〇五名、九月一五日段階で一二四名が賛同。記者会見を開いて周知したほか、衆参両院議長をはじめとする関係各方面にも送付された。

わたしたちは、中東の政治・社会・歴史・文化等の研究に携わり、日本と中東の相互理解と友好のために努力してきた立場から、現在国会で審議中の「安全保障関連法案」には重大な問題があると考えます。

一　この法案は、自国が攻撃されていないにもかかわらず戦争に参加する「集団的自衛権」の行使を容認するなど、日本国憲法の掲げる平和主義の原則に明らかに違反しています。憲法9条に示されている戦後日本の平和主義は、日本が近代以降の対外拡張や侵略の歴史を反省し、戦争をしない国に生まれ変わる決意を表明したもので、これにより日本はアジアや世界の信頼をかちえてきました。とりわけ中東は、長く欧米による植民地支配や侵略に苦しんできた地域であるため、日本が経済大国ではあっても海外で一切の武力行使を行わない国になったことはきわめて好意的に受けとめられ、これが日本に対する中東の人々の友情・信頼感の基礎となってきました。平和憲法に反する今回の法案は、日本と中東、世界の諸国との関係を根本から損なってしまいます。

二　この法案は、日本とアメリカがアジア・太平洋だけでなく地球大で「切れ目のない」安保協力態勢を築くことをめざすもので、アメリカの戦争に世界中で協力するための法律と言えますが、この間アメリカ主導で展開されてきた大規模な戦争は実はもっぱら中東地域を対象とするもの（湾岸戦争・アフガニスタン戦争・イラク戦争）です。今回の法案も基本的にイラク戦争等をモデルケースとしつつ、自衛隊によるさらに踏み込んだ米軍支援ができる態勢づくりをめざしています。これは中東がアメリカの世界戦略上、経済的・軍事的に重要な地域であることによりますが、アメリカの戦争が中東地域および国際社会に何をもたらしたかは、現在のイラクやアフガニスタンの状況を見れば明らかです。大国による軍事介入が中東地域にもたらした悲劇・混乱に一切学ぶことなく、アメリカの戦争への協力態勢を一気に拡大しようとする政策は誤っています。

三　この法案では「我が国の存立が脅かされ、国民の生命、自由及び幸福追求の権利が根底から覆される明白な危険がある事態」に際しては「集団的自衛権」の行使が認められるとされていますが、その具体例として繰り返し挙げられてきたのは、「ホルムズ海峡が封鎖された場合」です。日本は石油の大半を中東からの輸入に依存しているので、その供給が脅かされた場合に中東に自衛隊を送るのは当然だ、という説明なのですが、資源確保のためなら海外派兵するというのは、植民地主義・帝国主義の論理にほかなりません。日本国民の「くらし」や「幸福」を守るための「自衛」なのだと主張しても、中東の人々には反発されるだけでしょう。資源確保は重要ですが、それはあくまで中東の人々の主権を尊重し、日本と中東の間に対等・友好的な関係を築き上げることによってこそ可能となります。

今回の法案は日本国民の「命とくらし」を守るためのものと説明されています。しかしながら、戦後日本外交の基本であった平和主義の原則を投げ捨て、大国主導の戦争に追随し、資源への自己中心的野心をむき出しにするような姿勢は、日本に対する中東やアジア、世界の民衆の批判・反発を呼び起こし、「国益」を損ない、むしろ日本の市民の生命と安全をこれまでにない危険にさらすことにつながっていくでしょう。

以上の理由から、わたしたちは「安全保障関連法案」に反対し、同法案を廃案とすることを求めます。

二〇一五年八月

呼びかけ人　赤堀雅幸（上智大学）、秋葉淳（千葉大学）、板垣雄三（東京大学名誉教授）、臼杵陽（日本女子大学）、岡真理（京都大学）、岡野内正（法政大学）、片倉邦雄（21世紀イスラーム研究会代表幹事）、私市正年（上智大学）、栗田禎子（千葉大学）、黒木英充（東京外国語大学）、小林春夫（東京学芸大学）、坂井定雄（龍谷大学名誉教授）、佐原徹哉（明治大学）、塩尻和子（筑波大学名誉教授）、塩尻宏（中東調査会参与）、設樂國廣（立教大学名誉教授）、鈴木規夫（愛知大学）、鷹木恵子（桜美林大学）、辻上奈美江（東京大学）、鶴見太郎（埼玉大学）、鳥山純子、長沢栄治（東京大学）、新妻仁一（亜細亜大学）、箱山富美子（日本モーリタニア友好協会会長・元国連職員）、八尾師誠（東京外国語大学名誉教授）、原隆一（大東文化大学）、平井文子（アジア・アフリカ研究所会員）、藤田進（東京外国語大学名誉教授）、水島多喜男（徳島大学）、嶺崎寛子（愛知教育大学）、宮治美江子（東京国際大学名誉教授）、宮田律（現代イスラム研究センター理事長）、山口昭彦（聖心女子大

学）

世話人　長沢栄治・栗田禎子・辻上奈美江

B　中東問題に関する日本政府官房長官談話（二階堂談話、一九七三年一一月二二日）

◆一九七三年に発表された二階堂官房長官による談話。中東の抱える最大の課題であるパレスチナ問題に関し、日本政府が原則的姿勢を示している点で重要である。

一、わが国政府は、安保理決議二四二の早急、かつ、全面的実施による中東における公正、かつ、永続的平和の確立を常に希求し、関係各国および当事者の努力を要請し続け、また、いち早くパレスチナ人の自決権に関する国連総会決議を支持してきた。

二、わが国政府は、中東紛争解決のために下記の諸原則が守られなければならないと考える。

（1）武力による領土の獲得および占領の許されざること。

（2）一九六七年戦争の全占領地からのイスラエル兵力の撤退が行なわれること。

（3）域内のすべての国の領土の保全と安全が尊重されねばならず、このための保障措置がとられるべきこと。

（4）中東における公正、かつ、永続的平和実現に当ってパレスチナ人の国連憲章に基づく正当な権利が承認され、尊重されること。

三、わが国政府は、上記の諸原則にしたがって、公正、かつ、永続的和平達成のためにあらゆる可能な努力が傾けられるよう要望する。我が国政府としても、もとよりできる限りの寄与を行なう所存である。

わが国政府はイスラエルによるアラブ領土の占領継続を遺憾とし、イスラエルが上記の諸原則にしたがうことを強く要望する。わが国政府としては、引続き中東情勢を重大な関心をもって見守るとともに、今後の諸情勢の推移如何によってはイスラエルに対する政策を再検討せざるを得ないであろう。

C　イラク派兵差し止め訴訟名古屋高裁判決（二〇〇八年四月一七日）

◆自衛隊のイラク派兵は違憲だとして差し止めを求めた訴えに関する高裁判決。イラクでは「国際的な武力紛争が行なわれている」と明言し、航空自衛隊による武装兵員空輸活動は「他国による武力行使と一体化した行動」

で、「イラク特措法」自体に違反しており、憲法九条一項に違反しているとした。派兵差し止め・慰謝料請求等の訴え自体は棄却されたが、国側は勝訴のため上告できず、違憲判決が確定した。同判決では憲法前文にある「平和的生存権」は「憲法上の法的な権利」であり、「九条に違反する戦争の遂行等への加担・協力を強制されるような場合には、裁判所に救済を求めることができる」とも明言されており、平和憲法に立脚した市民の働きかけが、実際に対中東戦争への加担をとめる力ともなり得ることを示す判決となった（以下、抜粋）。

2　本件派遣の違憲性について

（3）（前略）以上のとおりであるから，現在のイラクにおいては，多国籍軍と，その実質に即して国に準ずる組織と認められる武装勢力との間で一国国内の治安問題にとどまらない武力を用いた争いが行われており，国際的な武力紛争が行われているものということができる。とりわけ，首都バグダッドは，平成19年に入ってからも，アメリカ軍がシーア派及びスンニ派の両武装勢力を標的に多数回の掃討作戦を展開し，これに武装勢力が相応の兵力をもって対抗し，双方及び一般市民に多数の犠牲者を続出させている地域であるから，まさに国際的な武力紛争の一環として行われる人を殺傷し又は物を破壊する行為が現に行われている地域というべきであって，イラク特措法にいう「戦闘地域」に該当するものと認められる。

なお，現在にまで及ぶ多国籍軍によるイラク駐留及び武装勢力との戦闘は，それがイラク政府の要請に基づくものであり，国連の理解ないし支持を得たものであるとしても（前記安保理決議１４８３号，１５４６号等），平成15年３月に開始されたイラク攻撃及びこれによってもたらされた宗派対立による混乱が未だ実質的には収束していないことの表れであるといえることや，現在のイラク政府が単独でこれら武装勢力と対抗することができないため，現在も敢えて外国の兵力である多国籍軍の助力を得ているものと理解できることに鑑みれば，多国籍軍と武装勢力との間のイラク国内における戦闘は，実質的には当初のイラク攻撃の延長であって，外国勢力である多国籍軍対イラク国内の武装勢力の国際的な戦闘であるということができ，この点から見ても，現在の戦闘状況は，国際的な紛争であると認められる。

しかるところ，その詳細は政府が国会に対しても国民に対しても開示しないので不明であるが，航空自衛隊は，前記認定のとおり，平成18年７月ころ以降バグダッド空港への空輸活動を行い，現在に至るまで，アメリカが空挺隊員輸送用に開発したC－130H輸送機3機により，週4回から5回，定期的にアリ・アルサレム空港からバグダッド空港へ武装した多国籍軍の兵員を輸送していること，これは陸上自衛隊のサマワ撤退を機にアメリカからの要請でなされているものであり，アメリカ軍はこの輸送時期と重なる平成18年8月ころバグダッドにアメリカ兵を増派し，同年末ころから，バグダッドにおける掃討作戦を一層強化していること，それ以前の空輸活動がカタールのアメリカ中央軍司令部において，アメリカ軍や英国軍と機体のやりくりを調整し飛行計画を立ててなされているものであり，平成18年7月以後も同様にアメリカ軍等との調整の上で空輸活動がなされているものと推認されること，C－130H輸送機には，地対空ミサイルによる攻撃を防ぐためのフレアが装備され，これが事前訓練を経た上で，実際にバグダッド空港での離着陸時に使用されていること，バグダッド空港はアメリカ軍が固く守備をしているとはいえ，その中にあっても，あるいは離着陸時においても，現実的な攻撃の危険性がある旨防衛大臣が答弁していること，航空自衛隊が多国籍軍の武装兵員を輸送するに際し，バグダッドでの掃討作戦等の武力行使に関与しない者に限定して輸送している形跡はないことが認められる。これらを総合すれば，航空自衛隊の空輸活動は，それが主としてイラク特措法上の安全確保支援活動の名目で行われているものであり，それ自体は武力の行使に該当しないものであるとしても，多国籍軍との密接な連携の下で，多国籍軍と武装勢力との間で戦闘行為がなされている地域と地理的に近接した場所において，対武装勢力の戦闘要員を含むと推認される多国籍軍の武装兵員を定期的かつ確実に輸送しているものであるということができ，現代戦において輸送等の補給活動もまた戦闘行為の重要な要素であるといえることを考慮すれば（甲B161，当審におけるC証人），多国籍軍の戦闘行為にとって必要不可欠な軍事上の後方支援を行っているものということができる。したがって，このような航空自衛隊の空輸活動のうち，少なくとも多国籍軍の武装兵員をバグダッドへ空輸するものについては，前記平成9年2月13日の大森内閣法制局長官の答弁に照らし，他国による武力行使と一体化した行動であって，自らも武力の行使を行ったと評価を受けざるを得ない行動であるということができる。

（4）よって，現在イラクにおいて行われている航空自衛隊の空輸活動は，政府と同じ憲法解釈に立ち，イラク特措法を合憲とした場合であっても，武力行使を禁止したイラク特措法2条2項，活動地域を非戦闘地域に限定した同条3項に違反し，かつ，憲法9条1項に違反する活動を含んでいることが認められる。（後略）

広河隆一『パレスチナ』岩波新書，2002年
鶴見太郎『ロシア・シオニズムの想像力』東京大学出版会，2012年
田浪亜央江『〈不在者〉たちのイスラエル』インパクト出版会，2008年
臼杵陽・鈴木啓之編『パレスチナを知るための60章』明石書店，2016年
保坂修司『イラク戦争と変貌する中東世界』山川出版社，2012年
酒井啓子『イラクとアメリカ』岩波新書，2002年
酒井啓子『移ろう中東、変わる日本 2012-2015』みすず書房，2016年
吉岡明子・山尾大編『「イスラーム国」の脅威とイラク』岩波書店，2014年
長沢栄治『エジプト革命』平凡社新書，2012年
栗田禎子『中東革命のゆくえ――現代史のなかの中東・世界・日本』大月書店，2014年
平井文子『アラブ革命への視角』かもがわ出版，2012年
青山弘之編『「アラブの心臓」に何が起きているのか』岩波書店，2014年
黒木英充編『シリア・レバノンを知るための64章』明石書店，2013年
鷹木恵子編『チュニジアを知るための60章』明石書店，2010年
川上泰徳『中東の現場を歩く』合同出版，2015年

【イスラームを知る・学ぶ】
『新イスラム事典』平凡社，2002年
『岩波イスラーム辞典』岩波書店，2002年
片倉もとこ『イスラームの日常世界』岩波新書，1991年
鈴木規夫『日本人にとってイスラームとは何か』ちくま新書，1998年
塩尻和子『イスラームを学ぼう』秋山書店，2007年

【未来への展望・足元を見つめ直す】
岡野内正ほか著・訳『グローバル・ベーシック・インカム入門』明石書店，2016年
黒木英充編『「対テロ戦争」の時代の平和構築』東信堂，2008年
中野憲志編『終わりなき戦争に抗う』新評論，2014年
色川大吉『明治の文化』岩波現代文庫，2007年
ヨハン・ガルトゥング・藤田明史編『ガルトゥング平和学入門』法律文化社，2003年
百瀬宏『小国』岩波書店，2011年（初版1988年）

参考図書

（本書で扱ったテーマ群に沿って，参考になる書籍を何点か掲げるが，紙幅の関係で網羅的ではない。順不同）

【中東情勢をめぐる研究者の取り組みの歴史，日本＝中東関係など】

中東の平和をもとめる市民会議編『パレスチナ問題とは何か』未来社，1982年

小田実・板垣雄三・芝生瑞和編『レバノン侵略とイスラエル――国際民衆法廷・東京1983』三交社出版，1985年

板垣雄三編『復刻版〈パレスチナ問題を考える〉シンポジウムの記録』第三書館，2012年

板垣雄三編『中東湾岸戦争と日本――中東研究者の提案』第三書館，1991年

板垣雄三編『「対テロ戦争」とイスラム世界』岩波新書，2002年

松原正毅・小杉泰・臼杵陽編『岐路に立つ世界を語る』平凡社，2002年

『総特集　イラク戦争』『現代思想』2003年4月臨時増刊号（31巻5号）

イラク戦争の検証を求めるネットワーク編『イラク戦争を検証するための20の論点』合同ブックレット，2011年

柳澤協二『検証　官邸のイラク戦争』岩波書店，2013年

片倉邦雄『アラビスト外交官の中東回想録』明石書店，2005年

浜林正夫・野口宏ほか『なぜアメリカにNOと言えないのか』学習の友社，2003年

浦田一郎・前田哲男・半田滋『ハンドブック　集団的自衛権』岩波ブックレット，2013年

宮田律・山本武彦・木村修三・水谷周『集団的自衛権とイスラム・テロの報復』青灯社，2015年

谷山博史編『「積極的平和主義」は紛争地になにをもたらすか?!――NGOからの警鐘』合同出版，2015年

【現代中東情勢を理解する】

永井道雄監修・板垣雄三編『新・中東ハンドブック』講談社，1992年

板垣雄三『歴史の現在と地域学――現代中東への視角』岩波書店，1992年

板垣雄三『イスラーム誤認』岩波書店，2003年

中岡三益『アラブ近現代史――社会と経済』岩波書店，1991年

メッセージ篇

片倉邦雄（かたくら　くにお）　日・アラブ協会副会長，元駐エジプト・イラク・UAE大使／中東国際関係論

坂井定雄（さかい　さだお）　龍谷大学名誉教授／現代中東政治

新妻仁一（にいつま　じんいち）　亜細亜大学国際関係学部／中東地域研究

平井文子（ひらい　ふみこ）　NPO法人アジア・アフリカ研究所理事／中東現代史，ジェンダー研究

清水学（しみず　まなぶ）　ユーラシア問題研究家／南西アジア地域研究，現代の金融資本，比較経済体制

向後紀代美（こうご　きよみ）　マングローブ植林行動計画（ACTMANG）研究員，元東北学院大学教員／地理学，自然と文化

加藤博（かとう　ひろし）　一橋大学名誉教授／アラブ社会経済史

設樂國廣（しだら　くにひろ）　立教大学名誉教授／オスマン朝史，トルコ共和国史

三浦　徹（みうら　とおる）　お茶の水女子大学文教育学部教員／中東・イスラーム史

小林春夫（こばやし　はるお）　東京学芸大学教育学部教授／アジア研究，多文化共生教育

嶺崎寛子（みねさき　ひろこ）　愛知教育大学教育学部准教授／文化人類学，ジェンダー論，イスラーム圏地域研究

鳥山純子（とりやま　じゅんこ）　日本学術振興会特別研究員PD／現代エジプト，文化人類学，ジェンダー，学校教育

井上あえか（いのうえ　あえか）　就実大学人文科学部教授／パキスタン現代史

森山央朗（もりやま　てるあき）　同志社大学神学部准教授／前近代西アジアのムスリム社会の歴史研究

鈴木啓之（すずき　ひろゆき）　日本学術振興会特別研究員PD／中東地域研究，とくにパレスチナ人の政治活動

秋葉淳（あきば　じゅん）　千葉大学文学部准教授／オスマン帝国史

鶴見太郎（つるみ　たろう）　東京大学大学院総合文化研究科准教授／歴史社会学，ロシア史，ユダヤ史，シオニズム史

金城美幸（きんじょう　みゆき）　日本学術振興会特別研究員RPD，立命館大学非常勤講師／パレスチナ・イスラエル史学

鷹木恵子（たかき　けいこ）　桜美林大学人文学系教授／文化人類学，マグリブ地域研究，チュニジア研究

宇野昌樹（うの　まさき）　広島市立大学国際学部教授／文化人類学，中東地域研究

酒井啓子（さかい　けいこ）　千葉大学法政経学部教授／中東現代政治

執筆者一覧（執筆順　※は編者）

長沢栄治（ながさわ　えいじ）　東京大学東洋文化研究所教授／エジプト社会経済史（※）

栗田禎子（くりた　よしこ）　千葉大学文学部教授／中東現代史（※）

板垣雄三（いたがき　ゆうぞう）　東京大学・東京経済大学各名誉教授／歴史学，国際政治，イスラーム学

臼杵陽（うすき　あきら）　日本女子大学文学部教授／中東現代史，パレスチナ／イスラエル研究

田浪亜央江（たなみ　あおえ）　成蹊大学アジア太平洋研究センター主任研究員／中東地域研究，パレスチナ文化研究

山岸智子（やまぎし　ともこ）　明治大学政治経済学部教授／イラン地域研究，文化論

山尾大（やまお　だい）　九州大学大学院比較社会文化研究院准教授／イラク政治，中東政治，国際政治，比較政治

黒木英充（くろき　ひでみつ）　東京外国語大学アジア・アフリカ言語文化研究所教授／東アラブ近現代史

宮田律（みやた　おさむ）　現代イスラム研究センター理事長／イスラーム地域研究，国際関係論

佐原徹哉（さはら　てつや）　明治大学教員／紛争研究，中東・東欧現代史

鈴木規夫（すずき　のりお）　愛知大学国際コミュニケーション学部教授／政治哲学

水谷周（みずたに　まこと）　イマーム大学東京分校アラブイスラーム学院学術顧問，日本ムスリム協会理事，現代イスラム研究センター理事／アラブ・イスラーム現代史

尾崎芙紀（おざき　ふき）　中東研究者／パレスチナ・イスラエル問題

役重善洋（やくしげ　よしひろ）「パレスチナの平和を考える会」事務局長／パレスチナ研究，植民地主義研究，国際政治史，平和学

小田切拓（おだぎり　ひろむ）　ジャーナリスト／パレスチナ・イスラエル専門

飛内悠子（とびない　ゆうこ）　日本学術振興会特別研究PD／南北スーダン地域研究，難民・強制移動研究，人類学

宮治美江子（みやじ　みえこ）　東京国際大学名誉教授／文化人類学，北アフリカ社会・文化論

塩尻和子（しおじり　かずこ）　東京国際大学特命教授，筑波大学名誉教授／イスラーム神学思想，比較宗教学，宗教間対話，中東地域研究

岡野内正（おかのうち　ただし）　法政大学社会学部教授／ベーシック・インカム論，歴史的正義回復論，社会理論，社会学，開発学，平和学，中東研究

編 者
長沢栄治（執筆者一覧参照）
栗田禎子（執筆者一覧参照）

DTP 岡田グラフ
装幀 金子眞枝

中東と日本の針路——「安保法制」がもたらすもの

2016年5月20日 第1刷発行

定価はカバーに
表示してあります

編 者 長沢栄治
栗田禎子

発行者 中川 進

〒113-0033 東京都文京区本郷2-11-9

発行所 株式会社 大月書店

印刷 太平印刷社
製本 中永製本

電話（代表）03-3813-4651 FAX 03-3813-4656 振替 00130-7-16387
http://www.otsukishoten.co.jp/

ISBN978-4-272-21113-5 C0031 Printed in Japan

イラク・シリア周辺図

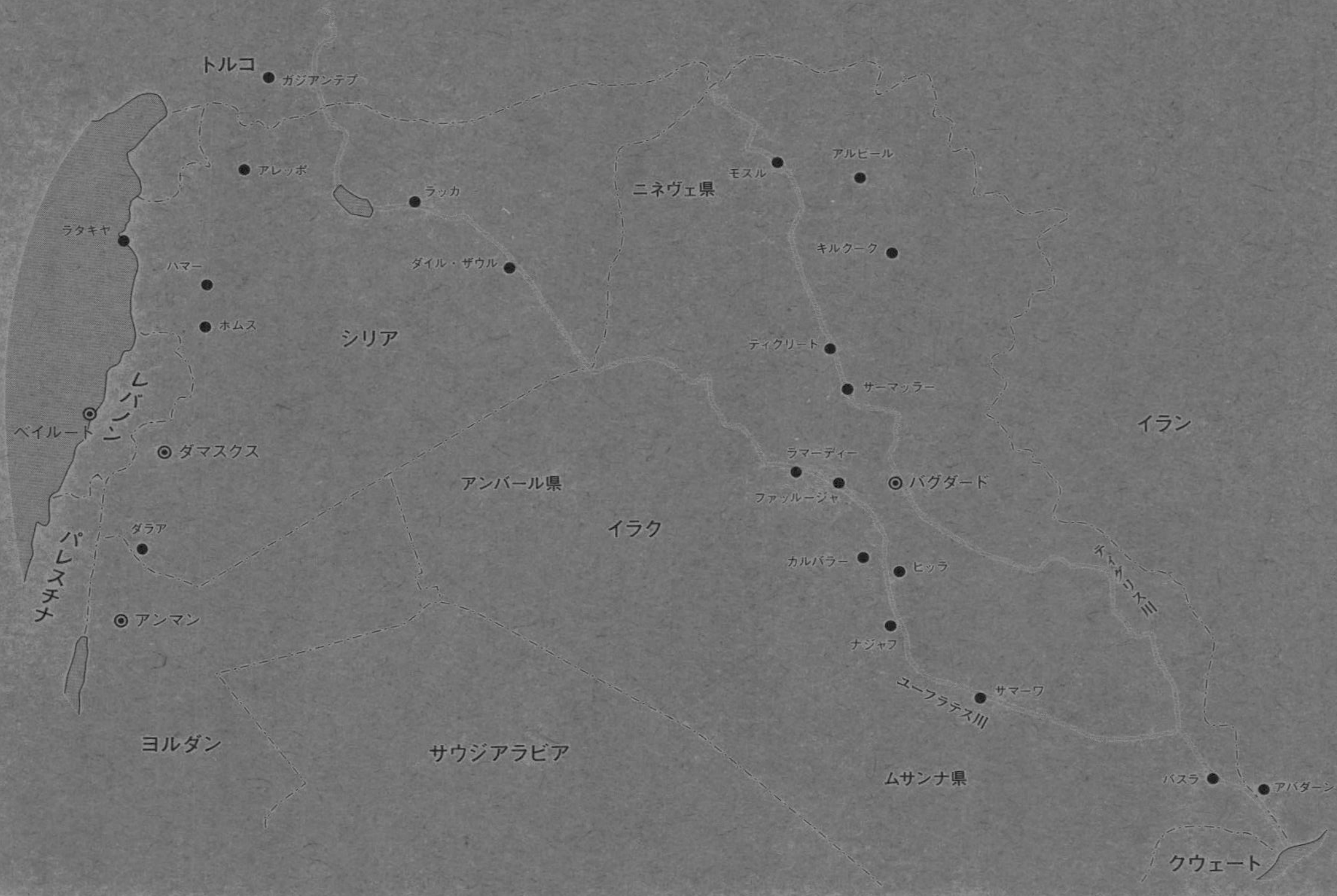
トルコ
ガジアンテプ
アレッポ
ラタキヤ
ハマー
ホムス
シリア
ラッカ
ダイル・ザウル
レバノン
ベイルート
ダマスクス
パレスチナ
ダラア
アンマン
ヨルダン
サウジアラビア
アンバール県
イラク
ニネヴェ県
モスル
アルビール
キルクーク
ティクリート
サーマッラー
ラマーディー
ファッルージャ
バグダード
カルバラー
ヒッラ
ナジャフ
サマーワ
ユーフラテス川
チグリス川
ムサンナ県
イラン
バスラ
アバダーン
クウェート